Jasna Mittler

Der heilige Erwin und die Liebe

Jasna Mittler

Der heilige Erwin und die Liebe

Eine Weihnachtsgeschichte in 24 Kapiteln

Mit Illustrationen
von Vivien Thiessen

List

Das Zitat von James B. Irwin stammt aus folgender Ausgabe: James B. Irwin; W. A. Emerson jr.: *Höher als der Mond. Die Geschichte eines Astronauten und Evangelisten*, 4. Aufl., 1987.

List ist ein Verlag
der Ullstein Buchverlage GmbH

ISBN: 978-3-471-35065-2

Gesetzt aus der Garamond
Satz: LVD GmbH, Berlin
Druck und Bindearbeiten: CPI – Clausen & Bosse, Leck
Printed in Germany

für Luken und Miken

»Die Erde erinnerte uns an eine in der Schwärze des Weltraums aufgehängte Christbaumkugel. (...) Die schönste Kugel, die du dir vorstellen kannst. Dieses warme, lebende Objekt sah so zerbrechlich aus, so zart, als ob es zerkrümeln würde, wenn man es mit dem Finger anstößt.«

James B. Irwin nach seinem Apollo-15-Flug

»All we are saying, is give peace a chance!«

John Lennon and The Plastic Ono Band

Kapitel 1

An den verschlossenen Toren des kleinen Sitzungssaals baumelt ein Schild: *Sondersitzung Erde: Ist der Planet noch zu retten?* steht darauf. Es ist die dritte Dreifaltigkeitssitzung in Folge zu diesem Thema. Drinnen herrscht dicke Luft.

»Wie wir es auch drehen und wenden«, schnaubt Gott gerade, »müssen wir uns doch eingestehen, dass wir mit der Erde noch immer nicht weitergekommen sind!« Er blickt seine Mitstreiter, Jesus und den Heiligen Geist, scharf an.

Immerhin schließt er sein eigenes Scheitern diesmal nicht aus, denkt Jesus, der das »wir« in der Rede seines Vaters mit Genugtuung registriert hat. Ein irdisches Jahr ist vergangen, seitdem sich Gott höchstpersönlich auf den Planeten begeben hat, um dort nach dem Rechten zu sehen. Er hatte sich dazu den Körper eines Menschen ausgeliehen und war in der Gestalt des Obdachlosen Erwin auf der Erde umhergestreift. Das ganze Unterfangen war ziemlich chaotisch verlaufen, da Gott sich mit den irdischen Gegebenheiten praktisch nicht auskannte. Er gab sich wortkarg, als Er von seinen Erlebnissen berichten sollte. Aber so viel konnte Jesus seinem Vater doch aus der Nase ziehen: Das Leben auf der Erde war anstrengender, als Er sich das vorgestellt hatte.

»Ich habe euch doch damals von meinem Menschen Erwin erzählt«, fährt Gott nun in ruhigerem Ton fort. »Eine ganze Weile habe ich in seinem Körper zugebracht, und das war kein Zuckerschlecken, das sag ich euch!«

Jesus verdreht die Augen. Auf den menschlichen Körper reduziert zu sein, mit all seinen Bedürfnissen und Wehwehchen, hatte Gott auf seiner Reise ziemlich in Schach gehalten. Immerhin war es ihm dennoch gelungen, einen Bericht über die Lage der Menschheit und den Zustand des Planeten zu verfassen – und dieser war ausgesprochen trübe gewesen.

»Schließlich habe ich ihn mit dieser netten Frau zusammengebracht, Rita.« Hier macht Er eine versonnene Pause.

Jesus scheint es, als gehe ein leicht rosafarbenes Leuchten von seinem Vater aus. »Und, worauf willst du hinaus?«, fragt er, bevor Gott sich ganz in seinen Erinnerungen verliert.

Der seufzt. »Selbst bei den beiden scheint es nicht mehr zu funktionieren. Dabei habe ich sie extra mit einer großen Portion Liebe versorgt, bevor ich sie verlassen habe. Wie um alles in der Welt soll denn das Zusammenleben der Menschen funktionieren, wenn sie sich nicht einmal in der kleinsten Einheit zusammenraufen können?!«

Jesus nickt, er kann die Verzweiflung seines Vaters verstehen. Seit dessen Rückkehr von der Erde arbeitet die Dreifaltigkeit daran, den Planeten wieder auf Vordermann zu bringen – vergeblich. Zwar hat Jesus eine

Reihe von neuen Verhaltensregeln für die Menschheit aufgestellt, die in der Theorie gut funktionieren und sicherlich zu einer Besserung der Situation führen würden. Doch als sich der Heilige Geist in seiner Funktion als Außenminister daranmachte, der Menschheit die neuen Pläne zu vermitteln, fingen die Probleme erst richtig an. Es hat einfach niemand zugehört.

»Ich für meinen Teil habe die Schnauze jedenfalls gestrichen voll!«, braust der Heilige Geist nun auf. »Ich habe schließlich auch noch anderes zu tun, als den Erdlingen hinterherzulaufen.« Er blickt Vater und Sohn an. »Man muss sich auch eingestehen können, wenn ein Projekt gescheitert ist«, fügt er eindringlich hinzu. »Wir haben getan, was wir konnten. Lasst uns das Ganze abbrechen und uns wieder den aussichtsreicheren Schöpfungen zuwenden!«

Bei diesen Worten zuckt Jesus zusammen. Schließlich ist er selbst einmal dort unten gewesen, und irgendwie hat er sich in die Menschen vernarrt, so dumm sie auch sein mögen. Fragend sieht er zu Gott auf, der mächtig hinter seinem Schreibtisch thront.

»Hmmm«, macht dieser nachdenklich. »Wir sollen den Planeten also einstampfen, nach all der Arbeit, die wir investiert haben?«

»Genug ist genug«, poltert der Heilige Geist. »Die Krosspisianer haben angedeutet, dass sie sich von uns mittlerweile vernachlässigt fühlen, und die Lage auf

Planet 04 ist alles andere als rosig. Ganz zu schweigen von dem, was sich derzeit zwischen Xyphüs und Tkos zusammenbraut. Wenn ich das Projekt Erde nicht bald vom Tisch habe, werden wir hier demnächst ganz andere Probleme bekommen, von einem Ausmaß, das ich mir noch gar nicht vorstellen mag!« Er schüttelt sich, als müsse er den Gedanken schnellstens loswerden.

Gott schaukelt bedächtig in seinem Sessel, vor und zurück, und hüllt sich in Schweigen.

Jesus fühlt sich ganz kribbelig. »Nicht aufgeben«, denkt er und verwendet seine ganze Konzentration darauf, diesen Gedanken an seinen Vater zu senden, »BITTE NOCH NICHT AUFGEBEN!«

Plötzlich hält Gott inne und lässt seine Stimme ertönen: »Das ist eine große Entscheidung, die ich da treffen soll«, sagt Er und lässt seinen Blick von einem zum anderen wandern. »Ich breche die Sitzung an dieser Stelle ab. Beizeiten werde ich euch wissen lassen, wie mein Urteil ausfällt. AMEN!«

»AMEN«, antworten die beiden anderen wie aus einem Mund, und die Versammlung löst sich in Luft auf.

Nach der Dreifaltigkeitssitzung lehnt Jesus am Pfosten der Himmelstür und blickt in die Weiten des Weltalls hinaus. Nachdenklich zupft er an einer vorüberschwebenden Wolke, zwirbelt die Watte zwischen den Fingern und bläst sie dann von der Handfläche. Er betrachtet den trudelnden Tanz der Fetzen, bevor sie aus seinem Blickfeld verschwinden.

Plötzlich ertönt Gottes Stimme neben ihm: »Hör mal, Junge, ich habe nachgedacht. Die Sache mit der Erde geht uns doch beiden nicht aus dem Kopf, stimmt's?«

Jesus wendet sich um und gewahrt ein hoffnungsvolles Leuchten auf Gottes Antlitz.

»Du weißt doch sicher noch, wie das mit den Menschen angefangen hat. Die Prototypen, erinnerst du dich?« Erwartungsvoll blickt Er seinen Sohn an.

»Adam und Eva«, sagt Jesus.

»Richtig«, nickt Gott bekräftigend. »Und weißt du was? Wir ziehen das einfach noch mal durch. Mit Erwin und Rita als den modernen ersten Menschen!«

Jesus runzelt die Stirn. »Und die anderen?«, fragt er zögerlich. »Wie willst du die alle … loswerden?«

»Wir müssen niemanden loswerden, das ist ja das Tolle!« Gott schmunzelt. »Ich werde an Erwin und Rita ein Exempel statuieren. Sie werden ein Beispiel dafür sein, wie das Zusammenleben funktionieren kann! Und dann«, hier versetzt Er seinem Sohn einen kumpelhaften Schubs, »müssen wir nur noch dafür sorgen, dass der Rest der Menschheit diesem Beispiel folgt!«

»Hört, hört!«, sagt Jesus, und Gott blickt ihn missbilligend an, denn der ironische Ton ist ihm nicht entgangen. »Okay«, fügt der Sohn beschwichtigend hinzu,

»ich bin ja durchaus dafür, dass wir alles versuchen, die Menschheit zu retten. Aber hast du überhaupt eine Idee, wie du das anstellen willst? Du bist nicht gerade ein Experte auf dem Gebiet der zwischenmenschlichen Beziehungen, oder?«

Gott bläst beleidigt die Backen auf: »Du hast wohl vergessen, mit wem du redest?«, ruft Er aus. »Ich BIN die allumfassende Liebe in ihrer reinsten Form! Wie sollte ich mich damit nicht auskennen, hä?«

»Reg dich nicht gleich auf, Papa!« Jesus hebt beschwichtigend die Hände. »Ich bezweifele bestimmt nicht deine Liebesfähigkeit. Aber du weißt doch, wie die Menschen sind – schließlich hast du sie selbst entworfen. Bei denen spielen so viele Faktoren eine Rolle, das ist einfach irre kompliziert ...«

»Aber DU kennst dich da besser aus, oder was?« Gottes Stimme klingt gekränkt.

»Immerhin war ich einer von ihnen«, sagt Jesus und streicht sein langes Haar zurück, »und zwar deutlich länger als du!«

»Aber das ist ewig her!«, kontert Gott. »Du hast überhaupt keine Ahnung davon, wie das Leben auf der Erde heutzutage aussieht!«

»Ach ja? Seit deiner Rückkehr beschäftige ich mich doch mit fast nichts anderem mehr! Also erzähl du mir bitte nicht, dass ich keine Ahnung hätte!« Jesus funkelt seinen Vater angriffslustig an. Dieser dreht ihm den

Rücken zu und starrt nun gleichfalls ins All hinaus. Irgendwo, weit weg, schimmert ein Planet bläulich. Die Erde. Das arme, kleine Sorgenkind …

Nach einer langen Phase des Schweigens schlägt Gott einen versöhnlichen Tonfall an: »Entschuldige bitte, mein Sohn. Ich weiß, dass du hart an dem Projekt gearbeitet hast.« Jesus schaut auf und nickt kaum merklich. »Die Sache macht mich nur so ohnmächtig!«, fährt Gott fort. »Ich will das in den Griff bekommen, und es klappt nicht! Das bin ich einfach nicht gewohnt.« Er stößt einen tiefen Seufzer aus. »Nein, wirklich, so was wie die Menschen, das ist mir noch nicht untergekommen!«

»Und was sollen wir jetzt tun?«, fragt Jesus und kratzt sich an der Nase. Es macht ihn unruhig, seinen Vater so hilflos zu sehen – das stellt sein ganzes Weltbild auf den Kopf.

»Ich muss da noch mal hin, da hilft alles nichts.« Gott lässt seinen Blick schweifen. Friedlich und still liegt der weite Raum vor ihm. Tiefschwarze Nacht, nur vom Funkeln der Galaxien erleuchtet. Jeder Stern eine Sonne wie die irdische, dazwischen Planeten mit Lebensformen, bei denen es ein Leichtes wäre, das Miteinander zu regeln. Und doch zieht es ihn wieder zur Erde hin. »Die Erdanziehungskraft«, denkt Er und lächelt in sich hinein. Ganz warm wird es ihm, wenn Er an Erwin und Rita denkt, seine Menschlein. Ja, Er wird noch einmal zur Erde reisen, aber diesmal wird Er besser vorbereitet sein auf das, was ihn dort erwartet. Immerhin hat Er nun Erfahrung auf dem Gebiet des Menschseins. Und apropos Erfahrung, da kommt ihm noch so ein Gedanke … »Wie wäre es, wenn du mich diesmal begleiten würdest? Deine Erfahrung als Mensch und dein Wissen in Sachen Erde, zusammen mit meiner Liebesfähigkeit – da sollten wir das doch hinkriegen, oder?«

Jesus fallen vor Erstaunen fast die Augen aus dem Kopf. »Du meinst … ich darf mit?!«, stammelt er.

Sein Vater nickt. »Das sag ich doch! Also, was ist, bist du dabei?«

»Klar bin ich dabei!«, ruft Jesus und umarmt Gott übermütig.

Dieser strahlt vor Freude so sehr, dass die direkte Umgebung seiner Gestalt zu funkeln beginnt. Er drückt seinen Sohn fest an sich, klatscht in die Hände, dass es wie Donner erschallt und jauchzt: »AMEN!«

Ihr frischer Gemüse-markt

Kapitel 2

Mit einem Tempo, das selbst die Lichtgeschwindigkeit in den Schatten stellt, schießt die göttliche Energie zur Erde hinab. Selten bilden Vater und Sohn eine solch innige Einheit wie in diesem entkörperten Zustand. Sie nehmen Kurs auf Europa, auf Deutschland, auf die Stadt Köln, die sich von oben betrachtet so friedlich an den Rhein schmiegt. Sie visieren die Spitzen des Kölner Doms an, der großen Kathedrale, die vor einem Jahr bei Gottes Erdenbesuch seine erste Station war. Mit gedrosselter Geschwindigkeit schweben die beiden als unsichtbare Wolke durch die Stadt. Auf den Straßen und Plätzen tummeln sich Menschen, die mit dicker Kleidung dem feuchtkalten Wetter trotzen.

Gott ist ganz aufgeregt. »Sieh mal, hier!«, teilt Er seinem Sohn mit. »Da bin ich auch schon langgegangen! Und da vorne, der Weihnachtsmarkt! Und dort auf der Straße, das nennt man Autos, hab ich dir davon erzählt?«

Jesus ist erschrocken darüber, wie laut und hektisch es auf der Erde zugeht. »Die Esel damals haben mir besser gefallen«, ist sein einziger Kommentar.

Der Plan, den die beiden entworfen haben, sieht vor, dass sie sich zunächst zwei geeignete Menschen in Erwins und Ritas Umfeld suchen, deren Körper sie sich ausleihen können. In deren Gestalt wollen sie das Paar beobachten und herausfinden, wie die Beziehung der beiden zu retten ist.

»Soll ich nicht einfach noch mal in Erwin schlüpfen und dafür sorgen, dass Rita sich wieder in ihn verliebt?«, hat Gott gefragt, als sie im Himmel über ihre Mission gesprochen haben. Doch was wäre, wenn Er den menschlichen Körper wieder verlassen würde? Nach kurzer Zeit stünden Erwin und Rita vor denselben Problemen. Nein, es war notwendig, dass die beiden in ihrem menschlichen Normalzustand blieben.

»Sie müssen sich bei vollem Bewusstsein lieben, sonst ist das alles Humbug!«, hatte Jesus schließlich verkündet, und Gott stimmte ihm zu.

Das Haus, in dem Erwin seit etwa einem Jahr mit Rita lebt, ist ein unauffälliges, schmales Gebäude. Das Erdgeschoss hat Fensterscheiben aus dunkelbraunem Glas, hinter dem man die Silhouetten von Topfpflanzen sieht. Über dem Eingang prangt ein Schild mit der Aufschrift *Bei Rita*. Gott kann es kaum erwarten, Erwin und Rita wiederzusehen. Und auch Jesus ist gespannt darauf, die beiden Menschen kennenzulernen, die seinem Vater bei dessen Erdenbesuch so viel bedeutet haben. Plötzlich durchzuckt es die göttliche Energie wie ein Blitz.

»Da!«, sendet Gott aus und lenkt die Aufmerksamkeit seines Sohnes auf einen Mann und eine Frau, die sich dem Haus nähern. Die Frau trägt eine prall ge-

füllte Tragetasche aus Papier, auf der *Ihr frischer Gemüsemarkt* steht. Der Mann zieht einen kleinen Handwagen mit Getränkekisten hinter sich her. Die beiden sind in eine aufgeregte Unterhaltung verstrickt.

»Das sind sie«, seufzt Gott gerührt, »meine Menschlein!«

Jesus nimmt die beiden genauer unter die Lupe. Dass der Mann mal auf der Straße gelebt hat, ist ihm nicht mehr anzusehen. Sein grauer Schnurrbart ist ordentlich gestutzt, und selbst Schal und Mütze scheinen sorgfältig aufeinander abgestimmt zu sein. Die Frau an seiner Seite, Rita, hat ein freundliches, rundes Gesicht. Eine hellblaue Wollmütze schmiegt sich wie eine weiche Wolke um ihren Kopf.

Überhaupt scheint alles an ihr weich zu sein – die ausgeprägten Lippen, die samtene Haut und ihre Rundungen, die durch den dicken Daunenmantel noch betont werden.

Früher muss sie sehr hübsch gewesen sein, denkt Jesus. Jetzt sieht man ihr die Jahre an, die sie als Wirtin in der dunklen Kneipe zugebracht hat.

»Hey«, fällt Gott ihm in diesen Gedanken, »auf Rita lasse ich nichts kommen, klar?! Sie ist voller Güte!«

Das ist der Nachteil am entkörperten Zustand, denkt Jesus. Als Einheit kann man einfach keine Geheimnisse haben. Und er signalisiert seinem Vater, dass ihm der Gedanke von vorhin leidtue und er Rita sehr sympathisch finde. Auch wenn ihr Gesicht gerade wutverzerrt ist.

»Jetzt sag doch gefälligst auch mal was dazu!«, schreit sie Erwin an und versetzt ihm dabei einen Knuff mit der Papiertüte.

»Oh, oh!«, stöhnt Gott auf und übertönt damit das Geräusch des reißenden Papiers, so dass Vater und Sohn nicht hören, sondern nur sehen, wie die Tüte entzweigeht. Im nächsten Moment purzeln Möhren und Lauchstangen auf Ritas Stiefel, Äpfel und Orangen rollen in alle Richtungen über den Gehsteig.

Rita stehen Tränen in den Augen. »So ein Mist!«, ruft sie und schleudert den nutzlos gewordenen Papierfetzen, der noch an ihrem Handgelenk baumelt, vor Erwins Füße.

»Na großartig«, sagt dieser und geht in die Knie, um das herumliegende Obst und Gemüse einzusammeln.

Rita lässt ihren Tränen freien Lauf.

Da gewahren Gott und Jesus ein etwa achtjähriges Mädchen mit Schulranzen auf dem Rücken, das den Gehweg entlanghüpft, wobei es mal nur das eine, dann nur das andere Bein benutzt. Zwei lustige Zöpfe schauen unter einer buntgeringelten Mütze hervor. Als es das Paar entdeckt, bleibt das Kind stehen. Dann bückt es sich nach einigen Orangen und Äpfeln, die im Rinnstein liegen. »Hier ist noch was!«, sagt es und streckt Erwin das Obst entgegen. Das Mädchen betrachtet Rita neugierig.

Die wischt sich mit dem Handrücken die Tränen aus dem Gesicht und versucht ein Lächeln. »Diese dummen Papiertüten«, sagt sie entschuldigend.

Das Mädchen zieht eine Packung Taschentücher aus seiner Jackentasche und reicht sie ihr. »Mach dir nichts draus, das kann doch jedem passieren!«

Rita schnäuzt sich die Nase. Das Lächeln gelingt ihr nun schon besser. »Du wohnst hier gegenüber, oder?«, fragt sie.

Das Mädchen nickt und zeigt auf einen sanierten Altbau. »Da oben, das Zimmer mit der Dachgaube!«, sagt es stolz. »Ich heiße übrigens Pina, aber ihr könnt auch Erbse zu mir sagen.«

»Erbse? Das ist aber ein ungewöhnlicher Name«, sagt Rita und streckt dem Mädchen ihre Hand entgegen, »ich bin Rita.«

Jesus wird ganz aufgeregt. »Was meinst du?«, fragt er seinen Vater. Das Kindsein hat ihm schon damals auf Erden große Freude bereitet. Und es mal als Mädchen zu versuchen, das wäre doch eine ganz neue Erfahrung!

Gott gibt sich zögerlich. »Und wen soll ich dann nehmen?« Noch ehe dieser Gedanke im göttlichen Bewusstsein verhallt, fliegt die Tür eines Nachbarhauses auf. Ein dicklicher Junge in Erbses Alter springt auf die Straße hinaus. Als er das Mädchen bei den Erwachsenen entdeckt, bleibt er abrupt stehen.

»Kann ich helfen?«, fragt er und hebt eine verknickte Lauchstange auf, die er an seinem Hosenbein abwischt. Dabei schielt er zu Erbse hinüber, die aber keine Notiz von ihm nimmt.

»Perfekt!«, beschließt Gott, und die göttliche Energie teilt sich auf, um den Kindern zu folgen.

Milch
Flakes
Wurst
Polizei
110
Feuerwehr
112

3

Kapitel

Der Junge reicht Erwin die ramponierte Lauchstange, dreht sich um und rennt so unvermittelt los, dass Gott beinahe Schwierigkeiten hat, ihm auf den Fersen zu bleiben. Als unsichtbare Wolke schwebt Er hinter dem Jungen her. Nachdem sie um die nächste Straßenecke gebogen sind, wird das Kind langsamer und bleibt schließlich stehen. Seine Ohren glühen rot, sein Atem geht schnell.

»Besonders sportlich ist er wohl nicht«, stellt Gott fest.

Jetzt, wo der Junge zur Ruhe kommt, kann Gott sich ganz auf ihn konzentrieren. Er spürt, wie eine Welle der Verlegenheit das Kind durchfährt. Unsicherheit und Selbstzweifel. Und darunter, wie ein Pflänzchen unter einer Schicht von Schnee: seine heimliche Liebe zu dem Nachbarmädchen, das ihn wieder einmal nicht beachtet hat. Langsam schlurft der Junge weiter. Das gemächliche Tempo bietet Gott Gelegenheit, sich genauer umzusehen. Statt Geschäften herrschen in dieser Gegend Wohnhäuser vor, nur wenige Menschen sind auf der Straße unterwegs. Der Junge biegt in einen kleinen Park ein. Seine Schritte verursachen ein schmatzendes Geräusch auf dem matschigen Weg. Gott begleitet ihn, ohne sich bemerkbar zu machen. Schließlich erreichen sie einen Spielplatz. Klettergerüste, von denen die Farbschichten der vergangenen Jahre abblättern. Die Rutschbahn ist regennass, der ganze Platz liegt verlassen da. Nur der überquellende Mülleimer zeugt davon, dass sich hier gelegentlich Menschen aufhalten. Der Junge klettert die glitschige Leiter zu einem Holzhäuschen hoch. Er muss den Kopf einziehen, um sich unter das Dach zu quetschen, und Gott füllt die verbleibenden Lücken aus. So sitzen sie zusammengekauert und blicken in den grauen Himmel hinauf. Plötzlich zieht der Junge ein Feuerzeug aus der Hosentasche. Er reibt energisch über das Zündrad, lässt das Feuerzeug aufflammen und erlöschen, aufflammen und erlöschen, wieder und wieder. Die Innenseite des Hüttendaches ist mit Inschriften übersät. Der Junge hält die Flamme daran und beobachtet, wie das Holz sich an der Stelle schwarz verfärbt. Bevor noch Schlimmeres geschehen kann, schickt Gott einen Windhauch, der die Flamme löscht. Er beobachtet, wie das Kind vergeblich versucht, sie wieder zu entzünden, und das nutzlos gewordene Feuerzeug schließlich auf den Boden schleudert. In diesem Moment trifft ein kleiner Stein den Jungen am Rücken. Gott gewahrt zwei andere Jungs, älter als der, den er sich ausgesucht hat. Die beiden stehen unten beim Sandkasten und starren zu ihnen hinauf.

»He, du Flasche!«, ruft der größere der beiden, und der andere startet einen Singsang: »Ol-li, Lol-li, Ol-li, Lol-li!!«

Ein weiteres Steinchen trifft den Jungen am Arm,

die Großen lachen, dann schwingen sie sich auf ihre Fahrräder und sausen weg.

Das Kind, das, wie Gott schlussfolgert, wohl Olli-Lolli heißen muss, bleibt noch eine Weile sitzen. Als es dunkel wird, setzt es seinen einsamen Streifzug fort, bis es vor einem kleinen Geschäft stehen bleibt. *Kiosk* steht über der Tür. Der Junge tritt durch die Glastür ein und lässt sich von dem Mann hinter dem Verkaufstresen ein Tütchen mit buntem Krimskrams füllen, das er mit Geld aus seiner Hosentasche bezahlt. Kaum wieder auf der Straße, steckt sich der Junge ein Ding nach dem anderen in den Mund. Kaut kaum, schlingt alles hinunter. Schließlich kommt er mit Gott im Schlepptau wieder in Ritas und Erwins Straße an. Der Junge klingelt an der Tür, aus der er Stunden zuvor getreten war. Gott folgt ihm durch das dunkle Treppenhaus.

Im dritten Stockwerk lehnt ein pickliger Teenager im Türrahmen. »Na, du Affe!«, begrüßt er den Jungen, der sich an ihm vorbei in den Flur quetscht. Im Wohnzimmer läuft der Fernseher, davor lungert ein weiteres Kind im Sessel. Gott stellt mit Erstaunen fest, dass es sich dabei um einen der Rüpel vom Spielplatz handelt.

»Olli, bist du das?«, ertönt eine weibliche Stimme. Die Mutter, eine hagere Frau mit müden Augen, lehnt am geöffneten Küchenfenster und raucht. Sie trägt einen blauweißen Kittel mit dem Emblem eines Krankenhauses darauf. »Kommst spät heute!«, sagt sie, wobei sie die Zigarette im Aschenbecher ausdrückt. Dann schließt sie das Fenster und greift nach dem Schlüsselbund, der auf dem Tisch liegt. »Ich muss los«, sagt sie. »Dein Essen steht in der Mikro.« Sie küsst ihn flüchtig auf die Wange, bevor sie die Küche verlässt.

Kurz darauf hört Gott, wie die Wohnungstür ins Schloss fällt. Der Junge wendet sich einem eckigen Apparat zu, der auf dem Kühlschrank platziert ist. Er dreht an einem Knopf und beobachtet, wie sich im nun erleuchteten Inneren des Geräts ein Teller mit Nudeln dreht. Mit dem Teller in der Hand geht er zurück ins Wohnzimmer, wo er sich neben seinen Bruder vor den Fernseher setzt. Den Blick auf das bunte Treiben auf der Mattscheibe gerichtet, schaufelt er das Essen in seinen Mund. Zwischendurch greift er in die offene Chipstüte, die auf dem Sofatisch liegt, und bekommt dafür von seinem Bruder einen Klaps auf die Hand. Seit er zu Hause ist, hat der Junge kein Wort gesprochen. Gott seufzt innerlich. Er wird heute Nacht in diesen Kinderkörper einziehen, wenn Olli-Lolli eingeschlafen ist. Und vielleicht wird es ihm ja neben seiner eigentlichen Mission gelingen, ein bisschen was gegen die Einsamkeit auszurichten, die diesem Kind innewohnt.

Kapitel 4

Jesus erwacht früh am nächsten Morgen. Er genießt die Wärme und Behaglichkeit des Bettes. Wenn er sich lang ausstreckt, reichen Erbses Fingerspitzen bis an die Zimmerdecke. Das Hochbett hat ihm gleich gefallen, als er mit dem Mädchen gestern im Kinderzimmer angekommen ist. Neben der Matratze ist eine Kuscheltierparade aufgereiht. Die Teddybären, Tiger, Hunde und Schweinchen blicken ihn aus dunklen Knopfaugen misstrauisch an.

Jesus lächelt. »Keine Sorge«, flüstert er und wundert sich selbst über die helle Kinderstimme, die aus seinem Mund kommt. »Eurer Erbse geht es gut. Ich habe sie mir nur ein wenig ausgeliehen!« Dann schwingt er sich von seinem Lager und schaltet das Licht an.

Wie praktisch das doch im Vergleich zu früher ist, denkt er. Zu seiner Zeit gab es nur Fackeln und Kerzen, und von fließendem Wasser im Haus hat man nicht einmal zu träumen gewagt. Aus dem Spiegel an der Kleiderschranktür blickt ihm Erbse entgegen, die Haare noch vom Schlaf verwuschelt, aber ansonsten genau dieselbe wie am Vortag. Dass das Bewusstsein des Mädchens tief in seinem Inneren schläft, lässt sich von außen nicht erahnen. Jesus blickt an sich herunter, streicht den orangeroten Stoff des Nachthemds glatt und freut sich. Erbse zu sein ist einfach prima! Gleich nachdem sie gestern Gott, Erwin und Rita verlassen hatten, ist er mit dem Mädchen nach Hause gegangen.

Die Eltern saßen bereits am Tisch. Sie waren freundlich und hörten aufmerksam zu, was Erbse ihnen von ihrem Schultag zu berichten hatte. Das Essen scheint allen dreien sehr gut geschmeckt zu haben. Zu gerne hätte Jesus selbst etwas gekostet, aber in seinem transzendenten Zustand war ihm das natürlich nicht möglich. Jetzt jedoch bemerkt er schon allein beim Gedanken an das Mahl, wie Erbses Bauch zu grummeln beginnt. An dieses Gefühl kann er sich aus früheren Zeiten noch genau erinnern – das ist Heißhunger, Kohldampf, Appetit! Hoffentlich werden die Eltern bald aufwachen und für einen reichgedeckten Tisch sorgen, denkt Jesus. Bisher ist im Haus noch kein Laut zu hören. Dabei hat Erbses Vater gestern Abend nach dem Vorlesen betont, dass sie früh aufstehen solle, Wochenende hin oder her. Er wolle mit ihr im Schwimmbad sein, ehe alle anderen da sind.

Es klopft, dann wird die Zimmertür geöffnet. »Ach, du bist ja schon auf«, sagt die Mutter überrascht und gibt Jesus einen Kuss auf die Stirn. »Guten Morgen, mein Schatz!«

Jesus lächelt verlegen und überlegt, was Erbse jetzt wohl tun würde. Sein Blick fällt auf den Kleiderstapel, den das Mädchen gestern Abend auf seinem Schreibtischstuhl zurechtgelegt hat. »Ich komme gleich, ich zieh mich nur schnell an!«, ruft er fröhlich aus.

Kurze Zeit später sitzt Jesus am Frühstückstisch und

lässt sich ein Croissant schmecken. Danach ein Ei, einen Joghurt und zwei Brötchen. »Du hast ja heute einen gesegneten Appetit«, sagt der Vater anerkennend, und Jesus grinst über Erbses ganzes Gesicht.

Erst am Nachmittag, kurz bevor es dunkel wird, treffen Vater und Sohn wieder aufeinander.

»Papa, bist du das wirklich?«, fragt Jesus, als er dem Jungen auf der Straße gegenübersteht.

»Psssst!«, macht der und schaut sich schnell um, ob ihn keiner von Olli-Lollis Brüdern beobachtet. »Weißt du einen Ort, an dem wir ungestört sind?«, fragt Er leise.

»Klar, wir können in den Garten«, sagt Jesus, der nicht aufhören kann, an Erbses Zöpfen rumzuspielen, »da gibt es sogar eine Schaukel und ein Baumhaus!«

Bald darauf sitzen die beiden Seite an Seite in dem Häuschen, das Gott an die Holzhütte auf dem Spielplatz erinnert. Nur dass dieses hier mit seinem fröhlichen Anstrich viel einladender aussieht.

»Jetzt erzähl schon!«, fordert Jesus ihn auf.

Gott seufzt. Dann berichtet Er von den Brüdern, die keine Gelegenheit auslassen, ihn zu schikanieren. Von der Mutter, die erst am frühen Morgen von ihrer Nachtschicht zurückgekehrt ist und den größten Teil des Tages verschlafen hat. Dass es anscheinend keinen Vater in der Familie gibt und die Brüder tun und lassen, wozu sie Lust haben. Und das heißt vor allem: Olli-Lolli ärgern. »Und ich dachte, diesmal sei das Leben auf der Erde für mich einfacher als damals, als ich Erwin war!« Zwar hat Gott genug zu Essen und ein Dach über dem Kopf, aber allein der Gedanke an die Brüder lässt ihn erschaudern. »Und bei dir?«

Jesus weiß gar nicht, wo er anfangen soll, so viel hat er als Erbse bereits erlebt. Seine erste Autofahrt. Der Schwimmbadbesuch, bei dem er sich sogar getraut hat, vom Einmeterbrett zu springen. Das Schwimmen hatte er zum Glück auch nach über zweitausend Jahren nicht verlernt gehabt. Das Gefühl, sich in dem warmen Wasser zu bewegen, war einfach wunderbar. Und die angenehme Müdigkeit, als er schließlich unter der Dusche stand! Das fantastische Mittagessen, das zu Hause auf ihn gewartet hat! Und wie er dann nach dem Essen drei Runden Mensch-ärgere-dich-nicht mit Erbses Eltern gespielt hat und tatsächlich jedes Mal gewann – alles das ist großartig gewesen. Aber der traurige Ausdruck auf Olli-Lollis Gesicht bremst seine Euphorie. »Och, bei mir ist's ganz okay«, sagt er daher nur und reibt Erbses Hände gegeneinander, um sie zu wärmen.

»Erbse!«, ertönt in diesem Augenblick eine Stimme vom Haus her. »Erbse, wo bist du?« Im nächsten Moment wird die Tür zum Garten aufgerissen. Eine Frau tritt heraus und sieht sich um.

»Das ist Erbses Mutter«, flüstert Jesus seinem Vater

zu. »Sie ist Arkti-, äh, Archti- … Also sie entwirft Häuser.«

»Erbse?!«, ruft die Frau noch eindringlicher.

Jesus streckt seinen Kopf zum Fenster des Häuschens heraus und antwortet mit seiner Mädchenstimme: »Hier bin ich, Mama!«

Gott wundert sich darüber, wie natürlich Jesus' Verhalten wirkt – er spielt die Rolle des kleinen Mädchens sehr überzeugend, während Gott selbst sich in dem Kinderkörper linkisch und unbeholfen fühlt. Was das betrifft, ist Er zurzeit ganz froh, dass niemand von Olli-Lolli Notiz zu nehmen scheint.

Erbses Mutter stemmt die Hände in die Hüften. »Mensch, Erbse, du musst doch Bescheid sagen, wenn du rausgehst!«, sagt sie ärgerlich. »Ich habe dich schon überall gesucht.«

»'tschuldigung, Mama«, erwidert Jesus kleinlaut.

Die Mutter seufzt. »Tja, wenn die Pfannkuchen jetzt kalt geworden sind, ist das jedenfalls nicht meine Schuld.«

Im Baumhaus wechseln Gott und Jesus einen schnellen Blick. »Ich habe Besuch, Mama!« Jesus zieht seinen Vater ebenfalls ans Fenster. »Das ist Olli!«

»Olli-Lolli«, fügt Gott hinzu und deutet eine kleine Verbeugung an, »sehr erfreut.«

Erbses Mutter wirkt überrascht. »Hatten wir nicht vereinbart, dass du uns erst fragst, bevor du jemanden einlädst?« Jesus lächelt entschuldigend.

»Aber wo du schon mal da bist«, sagt die Mutter nun in versöhnlicherem Ton zu Gott, »kannst du natürlich gerne mitessen.« Und zu Erbse gewandt fügt sie hinzu: »Dann können Papa und ich deinen neuen Freund gleich mal kennenlernen.«

Das lassen sich Gott und Jesus nicht zweimal sagen. Flink klettern sie die Leiter hinunter und folgen Erbses Mutter ins Haus, aus dem ihnen bereits ein köstlicher Duft entgegenweht.

5 Kapitel

Kurz nachdem die Mutter sie ins Haus gerufen hat, sitzen Gott und Jesus mit Erbses Eltern bei Kakao und Pfannkuchen am Abendbrottisch.

»Na, dir schmeckt's wohl?«, fragt die Mutter Gott, der gerade dabei ist, seinen fünften Pfannkuchen in Olli-Lollis Mund zu befördern.

»Ausgezeichnet!«, antwortet Er kauend und wischt sich mit dem Handrücken einen Klecks Apfelmus vom Kinn. Gott kann sich nicht erinnern, bei seinem ersten Erdenbesuch etwas so Köstliches probiert zu haben. Genießerisch schlürft Er einen weiteren Schluck von der warmen Schokomilch und spürt den himmlischen Geschmack des Pfannkuchens auf der Zunge.

Auch Jesus scheint es gut zu schmecken. Er lädt sich ebenfalls einen Fladen nach dem anderen auf den Teller und experimentiert mit den Geschmacksrichtungen der verschiedenen Aufstriche. Erbses Mundwinkel sind mit Soße verschmiert und ihr Kinn glänzt fettig. Besonders fasziniert ist Jesus von der Süße und Kühle des Apfelmus', die einen interessanten Kontrast zum warmen Pfannkuchen bilden.

»Jetzt macht aber mal ein bisschen langsamer, ich will schließlich auch noch was abhaben!« In der Stimme von Erbses Vater schwingt Empörung mit.

»'tschuldigung«, sagt Jesus mit vollem Mund und schiebt ihm die letzten zwei

Pfannkuchen zu, die noch auf der Servierplatte verblieben sind.

Die Mutter bemüht sich um einen heiteren Tonfall: »Na, Erbschen, so wie du heute reinhaust, wirst du bestimmt bald wieder einen Wachstumsschub hinlegen!« Dann schaut sie von einem Kind zum anderen. »Woher kennt ihr euch eigentlich?«

»Spielplatz«, sagt Gott schnell zwischen zwei Bissen.

»Schule!«, sagt Jesus im selben Augenblick und tritt unter dem Tisch gegen Olli-Lollis Schienbein.

»Aua!«, macht Gott empört.

»Er ist in der Dritten«, sagt Jesus jetzt aufs Geratewohl. Diesen Satz hat er heute im Schwimmbad von zwei anderen Kindern aufgeschnappt und sich gemerkt.

»Ach, in der Klasse von Frau Berg?« Die Mutter wendet sich interessiert Gott zu.

Der senkt den Kopf tiefer über den Teller. »Hmmm«, macht Er und lässt es so unbestimmt klingen, dass Erbses Mutter daraus hören können soll, was auch immer ihr passt.

Bevor sie genauer nachhaken kann, meldet sich Erbses Vater zu Wort: »Ich habe dich schon ein paarmal gesehen. Wohnst du hier in der Straße?«

»Klar, Papa«, ruft Jesus mit Erbsenstimme aus, »gleich gegenüber, in dem Haus neben der Kneipe!«

Da verzieht die Mutter das Gesicht, als habe sie statt auf den Pfannkuchen auf ein Stück Zitrone gebissen.

»Ach, schrecklich, dieser Laden!«, sagt sie. »Was da immer für Gestalten rumhängen!« Und mit einem mitleidigen Blick auf den Jungen fügt sie hinzu: »Stört dich das denn gar nicht, der Mief und das alles, gleich nebenan?«

Gott, der endlich den letzten Happen vertilgt hat, schüttelt den Kopf. »Nö, wieso?«, fragt Er.

»Na ja, wir jedenfalls wären froh, wenn die Kneipe endlich dichtmachen würde. Nicht wahr, Ludger?«

Erbses Vater nickt.

»Die sollten hier lieber ein nettes Café aufmachen«, führt die Mutter weiter aus. »Der Laden läuft doch eh nicht richtig, und so wie sich das Viertel in den letzten Jahren entwickelt hat, passt das auch nicht mehr hierher. Sind doch fast nur noch junge Familien, die hier wohnen, die haben andere Bedürfnisse!« Gott kann beinahe an ihrer Stirn ablesen, wie sie in Gedanken das gesamte Haus von Erwin und Rita umgestaltet. »Mit einer vollverglasten Fassade und sichtbaren Stahlkonstruktionen könnte das richtig schick werden«, murmelt sie gedankenverloren.

Nach dem Essen nimmt Jesus seinen Vater mit in Erbses Zimmer.

»Aber nur für fünf Minuten!«, hat die Mutter die beiden ermahnt. »Dann muss Lolli nach Hause gehen, es ist schon spät!«

Kaum hat Gott die Zimmertür hinter sich geschlossen, lässt Er sich schwer in den Sitzsack plumpsen, der in Erbses Leseecke bereitliegt.

»Und, wie gefällt' s dir?«, fragt Jesus und weist mit weit ausholender Geste auf das Innere des Mädchenzimmers. »Ist doch hübsch, oder?«

»Hmmpf«, macht Gott nur und schenkt der romantisch-verspielten Umgebung keine Aufmerksamkeit. »Erklär mir lieber mal, was der Tritt vorhin sollte!« Theatralisch reibt Er die Stelle am Schienbein, die so unsanft behandelt worden war.

»Das ist es ja, ich muss dir was zeigen!« Die Mädchenstimme klingt aufgeregt. Jesus bewegt Erbses Körper mit einem eleganten Sprung zum Schreibtisch und zieht eine Schublade heraus. Gleich darauf streckt er Gott ein Foto entgegen. Darauf sind viele Kinder zu sehen, irgendwo in einem Park. Sie tragen kurze Kleidung, offensichtlich stammt die Aufnahme aus dem Sommer. »Da ist Erbse«, erklärt Jesus und zeigt auf das Mädchen in der Mitte des Fotos, das dem Betrachter freudestrahlend eine goldfarbene Medaille entgegenstreckt, die es an einem Band um seinen Hals trägt. »Und das«, fährt Jesus triumphierend fort und deutet auf eine Gestalt am Bildrand, »bist du!«

Gott hält das Bild näher an die Augen. Tatsächlich, der Junge auf dem Foto ist eindeutig Olli-Lolli. Wie er da so abseits steht, verloren wirkend, und zu dem Mädchen hinüberschielt – das ist genau so wie in dem Moment, als sie ihn zum ersten Mal auf der Straße gesehen haben. Gestern war das, erst einen Erdentag her.

Jesus nimmt Gott das Bild aus der Hand und dreht es um. *Schulolympiade* steht dort in gleichmäßiger Mädchenschrift geschrieben, und das Datum dahinter verrät, dass das Ereignis ein knappes halbes Jahr zurückliegt.

»Jetzt wissen wir also schon mal, dass die beiden zur selben Schule gehen«, sagt Gott nüchtern und gibt Jesus das Foto zurück. »Das kann unsere Treffen vereinfachen. Wir müssen uns nur zwischen den ganzen anderen Kindern in der Schule wiederfinden.« Der Hosenbund drückt unangenehm gegen den vollgegessenen Magen, und in der zusammengekauerten Sitzhaltung ist das für Gott eine nicht länger zumutbare Körpererfahrung. Während Er sich aus dem Sitzsack hochhievt, gewahrt Er einen enttäuschten Zug um Erbses Mundwinkel. »Was ist denn noch?«, fragt Er unwirsch.

Jesus schluckt. »Ich dachte, das ist eine wichtige Entdeckung«, sagt er kleinlaut.

Gott seufzt, dann macht Er einen Schritt auf seinen Sohn zu. »Ist es auch«, sagt Er und legt die Hände versöhnlich auf Erbses Schultern.

In diesem Moment wird schwungvoll die Zimmertür aufgerissen. »Oh, Entschuldigung!«, stammelt Erbses Vater und blickt von einem Kind zum anderen.

Gott zieht Olli-Lollis Hände zurück und steckt sie in die Hosentaschen. »Ich geh dann mal«, sagt Er schnell. »Wir sehen uns morgen!« Mit einem Kopfnicken verabschiedet Er sich von Erbses Vater, der noch immer wie angewurzelt im Türrahmen steht, bevor er einen Schritt zur Seite macht, um den Jungen hindurchzulassen.

Gott hört, wie im Kinderzimmer getuschelt wird. Dann kommt Jesus hinter ihm hergelaufen.

»Äh, morgen geht leider nicht«, sagt er mit Erbses Stimme. »Papa hat mir grade gesagt, dass wir morgen den ganzen Tag weg sein werden.«

Gott wirft seinem Sohn einen überraschten Blick zu. Der zuckt mit Erbses Schultern und lächelt hilflos. »Na dann eben bis Montag«, sagt Gott, »in der Schule!«

Kapitel 6

Über Gottes Schreibtisch schwebt der Heilige Geist und gibt sich alle Mühe, seine Ungeduld zu verbergen. »Ich verstehe Ihre Enttäuschung und entschuldige mich in aller Form«, teilt er seinem Gegenüber, einem kürzlich verstorbenen Bewohner von Planet 04, mit. »Der Chef ist zurzeit leider unabkömmlich. Aber ich verbürge mich dafür, dass Sie später noch Gelegenheit haben werden, Gott persönlich kennenzulernen!«

Erleichtert stellt er fest, dass ihn seine diplomatische Ader wieder einmal nicht im Stich gelassen hat. Die Notlüge hat den Verstorbenen vor ihm zufriedengestellt, so dass der ihm nun bereitwillig alle für die Erfassung wichtigen Daten preisgibt. Der Heilige Geist notiert diese und beobachtet, wie sich die Gestalt in Luft auflöst. Die Seele zieht als reiner Gotteshauch weiter. Jegliche Erinnerung an ihr bisheriges Leben ist in dem Moment von ihr abgefallen, in dem die zuletzt bewohnte Körperhülle verschwand. Und damit auch die Erinnerung an das Versprechen, das der Heilige Geist ihr gegeben hat.

Seit Gott und Jesus ihre Reise zur Erde angetreten haben, ist der Heilige Geist an diesen Schreibtisch gefesselt. Ausgerechnet er, dessen Arbeit normalerweise darin besteht, von einer Galaxie zur nächsten zu eilen, um das Miteinander der Lebensformen auf den bewohnten Planeten zu regeln. Er muss nun an diesem

Ort bleiben und die immer gleichen Fragen stellen. Welchen Planeten haben Sie bewohnt? Unter welchem Namen haben Sie dieses Leben geführt? Wann und wo wurden Sie geboren, wann und wo sind Sie verstorben? Ein paar Höflichkeitsfloskeln, das war's. »Im Namen der Dreifaltigkeit heiße ich Sie herzlich im Himmel willkommen!« Viele der Neuankömmlinge sind enttäuscht, wenn sie nicht Gott persönlich hier antreffen. Wo sie sich doch so sehr auf diese einmalige Gelegenheit gefreut hätten! Andere hingegen, die auf ihren Planeten bereits zu Lebzeiten mit dem heiligen Außenminister in Kontakt gekommen sind, nutzen das unverhoffte Wiedersehen, um ihn in eine Unterhaltung zu verstricken. Wie dieser Krosspisianer, der mittlerweile vor ihm sitzt und ausführlich über das Wetter berichtet, das zu seiner Todesstunde auf seinem Heimatplaneten geherrscht habe. Und ob der Heilige Geist nicht zustimmen müsse, dass Krosspisian um diese Zeit des Jahres ein ganz besonders lieblicher Ort sei? Der Außenminister hat Mühe, den Redestrom seines Gegenübers zu bremsen. Ganz aufgeregt dribbelt als Nächstes ein Ping vom Planeten Pong vor dem Schreibtisch auf und ab. Diese Lebensform kommuniziert allein über den gehüpften Rhythmus. Pingisch gehört zu einer der komplizierteren Sprachen im Universum, da man über ein sehr ausgeprägtes Rhythmusgefühl verfügen muss, um die Feinheiten in dem Geploppe und Getitsche unterscheiden zu können. Der Heilige Geist kann mit Stolz von sich behaupten, dass es bisher noch keine Sprache gab, die er nicht innerhalb von kürzester Zeit verstanden und beherrscht hätte. Gut, die Farbsprache der Xyphüsanten hat ihm gewisse Schwierigkeiten bereitet. Immerhin handelt es sich bei dieser Lebensform um transzendente Wesen, die allein über ihr prächtiges Farbenspiel kommunizieren. Aber auch diese Herausforderung hat er gemeistert. Überhaupt konnte er bisher immer mit seiner Arbeit zufrieden sein. Bis das Unheil mit der Erde anfing. Wegen der Menschen wäre ihm schon so manches graue Haar gewachsen – wenn er denn Haare gehabt hätte. Er hat Gott gleich gesagt, dass es zu Problemen kommen wird, wenn Er so viele verschiedene Lebewesen auf einem einzigen Planeten ansiedelt.

Aber Gott hat abgewinkt, wie jeder Künstler, der von seinem Werk besessen ist. »Wie sollen wir wissen, was daraus wird, wenn wir es nicht VERSUCHEN?«, hat Er mit seiner donnernden Stimme verkündet. Und das Projekt durchgezogen, ohne auch nur einen einzigen der Änderungsvorschläge zu berücksichtigen, die der Heilige Geist hervorbrachte.

Seit die Menschheit tatsächlich – wie zu erwarten war – aus den Fugen geraten ist, versuchen sie, das Projekt Erde zu retten. Das wäre ein Leichtes, wenn man auf die Anwesenheit der Menschen auf dem Planeten verzichten würde, findet der Heilige Geist. Aber sowohl Gott wie auch Jesus halten an dieser Lebensform fest. Und so schwer es ihm auch fällt, hier muss der Heilige Geist zugeben, dass er zum ersten Mal in seiner Laufbahn als Außenminister versagt hat. Es ist ihm trotz zahlreicher Versuche nicht gelungen, die Erdlinge zu bekehren. Dabei hat er sich sogar ihrer eigenen Mittel bemächtigt, um Gottes Botschaft zu verkünden. Er hat in Radio und Fernsehen für ein besseres Miteinander geworben, hat die Verhaltensregeln, die Jesus für die Menschen entworfen hat, im Internet veröffentlicht und die Zeitungen damit volldrucken lassen. Vergeblich. Daher war er letztlich froh, dass Gott und Jesus beschlossen haben, zur Erde aufzubrechen. Sollen die beiden es doch selbst versuchen, wenn sie schon so unbedingt an diesem Projekt festhalten müssen! Auch wenn das für ihn heißt, dass er Gott für die Dauer der Dienstreise hier vertreten und die Neuankömmlinge begrüßen muss. Das wäre ein Kinderspiel, wenn da nicht diese innere Unruhe wäre, die ihm zu schaffen macht. Er hat permanent das Gefühl, etwas zu verpassen. Er ist sich sicher, dass seine Anwesenheit gerade in diesem Augenblick irgendwo in den Weiten des Universums dringend erforderlich ist. Dass sich gerade jetzt Missverständnisse und Probleme zwischen den Daseinsformen der verschiedenen Planeten anhäufen, die er mit Leichtigkeit ausbügeln könnte, wenn er nur vor Ort wäre.

In der Reihe der wartenden Seelen wird es laut. »Geht es hier bald mal weiter?!«, poltert ein Tara-ki mit der für diese Spezies so typischen Grollstimme.

Der Heilige Geist, ganz in Gedanken versunken, schreckt auf. »Wenn Sie mich bitte für einen kurzen Moment entschuldigen würden? Ich bin sofort zurück!«, signalisiert er in allen ihm zur Verfügung stehenden Sprachen und verlässt den Empfangsraum in Richtung großer Sitzungssaal. Dort findet gerade die Chorprobe der Engel statt. Als der Heilige Geist zur Tür hereinschwebt, bricht der Gesang schlagartig ab. Alle Augen sind auf ihn gerichtet, der in der Mitte des Saales zum Stehen kommt.

»Ihr werdet in einer dringenden Angelegenheit gebraucht!«, verkündet der Heilige Geist feierlich. »Ihr müsst mich beim Seelenempfang vertreten.« Zufrieden beobachtet er, wie sich die Engel um Gottes Schreibtisch scharen. Noch ehe jeder einen Platz gefunden hat, ist der Heilige Geist bereits unterwegs zu fernen Galaxien.

Kapitel 7

In der Mitte des Stuhlkreises steht ein Tischchen mit einem Adventskranz. Die Lehrerin zündet zwei der vier Kerzen am Kranz an und nimmt dann ebenfalls im Stuhlkreis Platz. Draußen ist es an diesem frühen Montagmorgen noch beinahe dunkel, und so sieht das Klassenzimmer, nur vom Kerzenschein beleuchtet, richtig gemütlich aus. Die Lehrerin heißt Frau Wilmer, das hat Gott aus den Gesprächen herausgehört. Die junge Frau schlägt ein Buch auf, das in ihrem Schoß liegt. Alle Kinder schauen sie gespannt an.

»Ich werde euch heute eine Geschichte vorlesen aus der Zeit, als die Römer hier in Köln waren«, sagt sie und hält das aufgeschlagene Buch hoch, damit alle die Bilder sehen können.

Gott muss Olli-Lollis Augen anstrengen, um in dem diffusen Licht etwas erkennen zu können. Menschen in seltsamen Gewändern sind in dem Buch abgebildet, und Mauerreste, Tonscherben und anderer Firlefanz.

»Ihr erinnert euch doch bestimmt noch an unseren Ausflug ins Museum?«, fährt Frau Wilmer fort. »Wo wir die Fundstücke aus der römischen Zeit angeschaut haben?«

Einige Kinder nicken, andere bohren in der Nase. Gott betrachtet die Schmutzränder unter Olli-Lollis Fingernägeln. Ihm ist unbehaglich zumute, wie Er so mit den anderen im Kreis sitzt, allen Blicken schutzlos ausgeliefert. Daher versucht Er, sich so unauffällig wie möglich zu verhalten. Aber gerade das scheint die Aufmerksamkeit der Lehrerin magisch anzuziehen.

»Oliver«, richtet sie sich nun in aufmunterndem Tonfall an ihn, »möchtest du uns nicht mal sagen, was du über die Römer weißt?«

Zunächst denkt Gott, sie habe jemand anderen gemeint und sähe ihn nur aus Versehen an, da Er mit dem Namen Oliver nichts anfangen kann. Erst als ihm sein Sitznachbar den Ellbogen in die Seite rammt und ihm zuraunt: »Olli, du bist dran!«, spürt Gott, wie Olli-Lollis Ohren rot werden. Heiße Schauer laufen ihm über den Rücken.

»Die Römer«, stammelt Er und rutscht auf dem Sitz hin und her. Dann schließt Er für einen Moment die Augen und konzentriert sich. In seinem Inneren zieht in Sekundenschnelle die Römische Antike vom Aufstieg bis zum Niedergang vorbei. Eine Fülle von Informationen, so dass Er gar nicht weiß, wo Er anfangen soll.

»Na, Oliver?«, hakt die Lehrerin nach, und ihre Stimme klingt nicht mehr ganz so freundlich wie zuvor. »Du wirst uns doch hoffentlich hier nicht einschlafen?«

Also entscheidet sich Gott für ein Detail, das ihm interessant erscheint: »Die Römer hatten Hunderte von Gottheiten!«, platzt Er heraus. »Götter und Göttinnen. Und Halbgötter. Und Geister. Alles nebeneinander!«

Die Lehrerin lächelt anerkennend und will sich dem nächsten Kind zuwenden.

»Es gab einen obersten Gott, Jupiter, den haben sie auch Himmelsvater genannt«, fährt Gott aufgeregt fort. »Und der war nach Ansicht der Römer für Blitz und Donner verantwortlich.«

»Prima, Oliver«, sagt Frau Wilmer. »Wer kann uns denn noch was erzählen?« Sie blickt in die Runde, wo einige Kinder den Arm heben, um sich zu Wort zu melden.

Aber Gott ist noch nicht fertig. »Seine Frau hieß Juno, und sie war die Königin der Göttinnen. Aber sie war nicht nur seine Frau, sondern auch seine Schwester!«

»Danke, Oliver«, sagt die Lehrerin, »aber lass uns jetzt auch mal hören, was die anderen zu sagen haben!«

Eine solche Behandlung ist Gott nicht gewöhnt. Er hebt die Stimme, so dass Er seine Klassenkameradin, die nun an der Reihe ist, übertönt: »Die beiden hatten zahlreiche Kinder: den Kriegsgott Mars, Vulca-«

»Jetzt reicht es aber!« Auf Frau Wilmers Stirn hat sich eine steile Falte gebildet, ihre Stimme klingt schrill. »Oliver, du gehst jetzt sofort raus und wartest dort, bis wir hier fertig sind!« Ihr ausgestreckter Arm weist zur Tür.

Mit hängenden Schultern schlurft Gott hinaus. Ein paar der Kinder kichern in seinem Rücken. Gott fühlt sich sehr unbehaglich. Den ganzen Morgen schon hat Er das Gefühl, sich auf dünnem Eis zu bewegen. Ständig muss Er befürchten, einen Fehler zu machen. Und überhaupt ist ihm die ganze Sache hier einfach nur lästig. Er sollte jetzt mit Jesus an der Mission arbeiten und den Planeten retten, anstatt sich mit irgendwelchen Details aus längst vergangenen Zeiten zu beschäftigen! Wütend stampft Gott vor der verschlossenen Tür des Klassenzimmers auf und ab. Er überlegt, ob Er einfach das Weite suchen soll. Aber Jesus wird in der Pause auf ihn warten. Schließlich lehnt Er die Stirn an die geschlossene Klassenzimmertür, um besser nachdenken zu können. Drinnen geht die Unterhaltung über die Römerzeit munter weiter.

»Mir hat im Museum am besten der Schmuck gefallen«, hört Gott eine lispelnde Mädchenstimme sagen. »Und die Goldmünzen!«

»Ja, wir können uns wirklich glücklich schätzen, dass wir all diese schönen Dinge aus der Römerzeit heute noch betrachten können. Unsere ganze Stadt ist auf römischer Geschichte aufgebaut.« Die Stimme der Lehrerin klingt enthusiastisch. »Und stellt euch vor, auch heute noch werden bei Ausgrabungen immer mal wieder Schätze der Römer in Köln gefunden!«

Und da hat Gott plötzlich eine Idee, wie Er sich und Jesus aus der Schule loseisen kann …

Als es zur Pause klingelt, fliegt die Tür des Klassenzimmers auf, und die Kinder stürmen hinaus. Gott kann gerade noch zur Seite springen, damit Er nicht über den Haufen gerannt wird. Er nimmt Olli-Lollis Jacke vom Garderobenhaken und folgt den anderen Kindern auf den Pausenhof. Gott muss sich auf die Zehenspitzen stellen, um seinen Sohn in dem Getümmel zu suchen. Schließlich entdeckt Er Erbses Ringelmütze, die aus der Masse der Schüler heraus leuchtet. Jesus schlendert Arm in Arm mit zwei anderen Mädchen über den Schulhof. Offensichtlich hat Er keine Eile, seinen Vater wiederzusehen. Gott macht ein paar Schritte auf das Grüppchen zu, hebt den Arm und winkt. Er beobachtet, wie sich Erbse von den Freundinnen löst und ihm entgegentritt.

»Was willst du denn von DEM?«, ruft ihr eines der Mädchen nach, laut genug, dass Gott es hören kann. Auch der abfällige Tonfall ist ihm nicht entgangen. Die beiden Freundinnen schauen Erbse noch einen Moment lang hinterher, ehe sie sich kichernd abwenden.

»Hey!«, begrüßt Jesus seinen Vater und strahlt dabei über das ganze Mädchengesicht. »Wie läuft's denn so?«

Gott packt ihn hart am Arm und zieht ihn mit sich zu den Mülltonnen, wo sie vor den Blicken der anderen geschützt sind. »Wie es bei mir läuft?«, fragt Er aufgebracht. »Miserabel! Das hier ist die reinste Zeitverschwendung!«

Jesus hat unterdessen Erbses Butterbrotdose ausgepackt und bietet seinem Vater eine Brötchenhälfte an. »Hier, magst du?«, fragt er. »Ist lecker!«

Gott will verärgert abwinken, aber beim Anblick des Brötchens merkt Er, wie das Wasser in Olli-Lollis Mund zusammenläuft. Also greift Er zu und schiebt sich das Brötchen zwischen die Kiefer. »Hörst du mir eigentlich zu?«, fragt Er seinen Sohn kauend.

»Klar doch.« Jesus ist bei den Apfelschnitzen angelangt. »Aber ich finde es eigentlich nicht schlecht hier. Warum hast du es denn so eilig?«

Gott reißt die Augen auf. »Warum ich es eilig habe?!«, fragt Er gereizt. »Wir sind seit drei Erdentagen hier, und wir sind in unserer Mission noch keinen Schritt weitergekommen!«

Jesus wischt Erbses Mund mit dem Jackenärmel ab und zuckt mit den Schultern. »Wir müssen uns eben erst mal einleben. Ist doch normal, oder?«

Gott schnauft. »Ach ja? Und wann denkst du, dass wir mit der Arbeit anfangen sollen? Ich will bestimmt nicht bis in alle Ewigkeit in dieser Gestalt rumlaufen! Aber du hast ja immer was Besseres zu tun. Wo warst du überhaupt gestern den ganzen Tag?«

»Oh, das muss ich dir erzählen!« Jesus wird ganz aufgeregt. »Wir waren bei Erbses Großeltern, war ganz nett da. Aber stell dir vor – Erbses Eltern glauben, dass wir verliebt sind! Also, äh, dass Erbse und Olli-Lolli verliebt sind, meine ich.« Er grinst. »Den ganzen Tag über haben sie mich ausgefragt über dich. Das war wirklich lustig!«

Gott bläst die Backen auf. »Ach, lustig war's bei dir, ja?«, fragt Er beleidigt.

Er selbst war schon früh am Morgen aus dem Haus geschlichen, damit Er den Brüdern nicht begegnen musste. Damit sie ihn nicht, wie am Tag zuvor, mit einem Schwall kalten Wassers aus dem Bett scheuchen konnten. Oder ihm beim Frühstück wieder Salz in die Cornflakes kippten. Oder eine der zahlreichen anderen kleinen Gemeinheiten machten, mit denen sie ihren Bruder offenbar täglich schikanierten. Etwas Gutes hatte es allerdings gehabt, dass Gott so früh auf der Straße war. So konnte Er nämlich beobachten, wie Erwin das Haus verließ und eiligen Schrittes die Straße entlanglief. Gott war ihm gefolgt. Es wurde ein langer, einsamer Spaziergang, den die beiden machten. Ein paar Mal hätte Erwin ihn beinahe entdeckt, aber in letzter Sekunde war es Gott immer gelungen, Olli-Lollis Körper hinter einer Hausecke oder einem Baumstamm zu verstecken. Erwin kam ihm sehr traurig vor, und das hatte Gott ebenfalls traurig gestimmt.

All das erzählt Er nun seinem Sohn, während um sie herum das bunte Treiben auf dem Pausenhof weitergeht. »Nach zwei Stunden hat Erwin sich in ein Café gesetzt und dort vor sich hin gestiert«, sagt Gott. Er hatte noch eine Weile vor dem Café ausgeharrt und ab und zu durch das Fenster geschaut. Aber Erwin hatte nur dagesessen und in seiner Tasse gerührt. So war Gott schließlich nach Hause gegangen, um Olli-Lollis Glieder aufzuwärmen. Wenn Er daran denkt, wie durchgefroren Er nach diesem Abenteuer war, schüttelt es ihn jetzt noch. »Verstehst du das?«, fragt Er seinen Sohn nun. »Warum macht er das? Warum bleibt er an einem Sonntagmorgen nicht zu Hause und frühstückt gemütlich mit Rita? Warum begleitet sie ihn nicht bei seinem Spaziergang? Was ist bloß los mit den beiden?!«

Jesus hat Erbses Unterlippe vorgeschoben und kaut darauf herum. »Tja, das kann viele Gründe haben«, sagt er unbestimmt. »Die Menschen sind kompliziert, das weißt du doch.«

Gott legt die Stirn in Falten. »Ist das etwa alles, was du dazu zu sagen hast?« Er hat gehofft, dass Jesus ihm mehr über das Innenleben der Menschen verraten könnte, über ihre Beweggründe. Wo er sich doch anscheinend so gut in sie hineinversetzen kann.

Jesus zuckt mit den Schultern. »Lass uns doch heute Nachmittag mal gemeinsam herausfinden, was da los ist!«, sagt er versöhnlich.

Gott reibt sich Olli-Lollis Hände. »Klaro! Wann wollen wir uns denn treffen?«

»Ach Mist«, stößt Jesus hervor und schlägt sich an

Erbses Stirn, »tut mir leid, aber heute Nachmittag geht's nicht. Montags hat Erbse Reitunterricht!«

Gott verdreht die Augen gen Himmel. »Ist das dein Ernst?!«

Jesus hält den Blick starr auf Erbses Fußspitze gerichtet, mit der er eine Acht auf dem Asphaltboden zieht. »Was soll ich denn machen?«, fragt er kleinlaut.

»Verdammt, so geht das nicht!«, donnert Gott los. »Wir vertrödeln unsere Zeit, während es bei Erwin und Rita immer weiter bergab geht! Wir können jetzt nicht jeden Tag hierherkommen!« Er macht eine ausholende Armbewegung, die den Schulhof und das Schulgebäude umfasst.

»Okay«, sagt Jesus vorsichtig, »Aber wie sollen wir das anstellen? Du kennst doch Erbses Eltern, die würden sofort mitkriegen, dass ich die Schule schwänze, und dann …«

Gott winkt unwirsch ab. »Pssst!«, zischt Er seinem Sohn zu. »Ich muss mich konzentrieren!«

Einen Augenblick später ertönt ein lauter Schrei auf dem Schulhof. Alle Kinder wenden sich einem Erstklässler zu, der eben dabei war, am Fuße des Klettergerüstes in der feuchten Erde zu graben. Jetzt steht der Junge mit vor Aufregung roten Ohren da und hält einen kleinen Gegenstand in die Höhe. »Guckt mal, was ich gefunden habe!«, ruft er durchdringend. »Und da gibt's noch mehr!«

Schnell ist er von einem Pulk aufgeregter Kinder umringt.

Weitere Rufe werden laut: »Hier ist auch noch was!«, »Und hier!«

Gott und Jesus beobachten von ihrem Platz aus, wie dem Aufsicht führenden Lehrer vor Überraschung die Kinnlade runterklappt. Das Klingelzeichen, das zur Fortsetzung des Unterrichts ermahnt, interessiert niemanden. Schüler wie Lehrkräfte, die Rektorin und der Hausmeister scharen sich um den kleinen Jungen, der mit dreckverkrusteten Handschuhen eine römische Goldmünze nach der anderen aus dem Erdreich gräbt.

Kapitel 8

Jesus steckt den Schlüssel in Erbses Fahrradschloss. Auf dem Hinweg heute Morgen hat ihm das Radfahren einige Mühe abverlangt. Ein paarmal wäre er beinahe hingefallen. Dabei musste er aufpassen, dass er Erbses Vater nicht aus den Augen verlor, der in flottem Tempo vor ihm herfuhr. So ist es ihm jetzt ganz recht, den Rückweg mit Gott gemeinsam zu Fuß anzutreten und das Fahrrad zu schieben. Als sie am Schulhof vorbeigehen, können sie durch den Zaun einen Blick auf das Archäologenteam erhaschen, das auf dem geräumten Platz sein Ausgrabungsfeld absteckt und eine Plastikplane gegen den drohenden Regen aufspannt.

»Das da vorhin«, setzt Jesus an und zeigt auf die Stelle, wo der stolze Erstklässler seinen Fund gemacht hat, »da hattest du doch die Finger im Spiel, oder?«

Statt eine Antwort zu geben, grinst Gott nur stillvergnügt vor sich hin.

Es hatte nicht lange gedauert, bis sich zu der aufgeregten Schülerschaft ein Pulk nicht weniger aufgeregter Zeitungs- und Fernsehreporter gesellte. Bald darauf trafen die Experten vom Römisch-Germanischen Museum ein, die den Goldschatz begutachteten und für echt befanden. Zu diesem Zeitpunkt war an regulären Unterricht nicht mehr zu denken gewesen, so dass die Kinder schließlich nach Hause geschickt wurden.

»Und was machen wir jetzt?«, fragt Jesus. »Ich habe

noch zwei Stunden Zeit, bis mich Erbses Eltern zurück erwarten.«

»Jetzt fängt unsere Mission erst richtig an!«, sagt Gott bestimmt. »Auf zu Erwin und Rita!«

Kurz bevor sie in »ihrer« Straße ankommen, hält Gott seinen Sohn am Jackenärmel zurück. »Da, schau!«, raunt Er ihm ins Ohr. Der Mann, der in einiger Entfernung die Straße überquert, ist eindeutig Erwin. »Ich muss hinterher«, wispert Gott aufgeregt und rennt los.

»Und was ist mit mir?«, ruft Jesus ihm nach, aber sein Vater hört ihn schon nicht mehr. Jesus schließt Erbses Fahrrad an einem Verkehrsschild an. Gut, wenn der Alte hinter Erwin her ist, muss ich mich eben um Rita kümmern, denkt er und geht auf das Haus mit der Kneipe zu. Vor der Tür angekommen, betrachtet er die Klingelschilder. Nirgends steht »Erwin« oder »Rita«, stattdessen hat er die Wahl zwischen »Schulze«, »Müller«, »Yilmaz« und »Ravenstein«. Unschlüssig lässt er die Spitze von Erbses Zeigefinger über den Klingelknöpfen schweben. In dem Moment wird die Kneipentür geöffnet, die sich neben dem Haupteingang des Hauses befindet, und Rita tritt heraus, einen Besen in der Hand.

»Hallo, Möhre«, sagt sie überrascht, »zu wem möchtest du denn?«

Jesus dreht sich so schnell herum, dass er mit Erbses Schulranzen auf seinem Rücken an der Hauswand entlangschabt. »Erbse!«, sagt er und schenkt Rita ein Lächeln, während er fieberhaft überlegt, welchen Grund er für diesen Besuch angeben soll.

Rita lächelt ebenfalls. »Erbse, natürlich! Entschuldige bitte«, sagt sie und streicht sich eine Haarsträhne hinter das Ohr. »Ich bin manchmal ein bisschen vergesslich.«

Jesus winkt ab.

Rita legt den Kopf schief. »Also, kann ich dir weiterhelfen?«, fragt sie freundlich und weist mit dem Kinn auf die Klingelschilder.

»Tjaaa«, sagt Jesus gedehnt, »eigentlich wollte ich genau zu dir!«

Rita zieht erstaunt die Augenbrauen hoch. »Ach so?«

»Ja«, entgegnet Jesus, »ich wollte dich nämlich fragen, ob – ich meine, weil …« Kurz entschlossen zeigt er auf die Kneipe. »Es ist nämlich so, wir sollen für die Schule einen Aufsatz über unsere Nachbarn schreiben, und ich will gerne über dich und deine Kneipe schreiben.«

Rita hebt den Besen an, den sie in der Hand hält. »Ich wollte gerade die Straße fegen«, sagt sie. »Aber so wie es ausschaut, wird es sowieso gleich regnen. Also komm doch rein und schau dir den Laden an!« Sie macht eine einladende Geste zur Kneipentür, und Jesus folgt ihr. Kurz darauf sitzt er auf einem wackeligen Barhocker an der Theke und schlürft Apfelsaft aus einem Bierglas.

»Das ist also mein Reich.« Rita lächelt wehmütig, während Jesus seinen Blick über die Holztische schweifen lässt, über den fleckigen Steinboden und die Flaschen im Regal hinter der Theke.

»Bisschen dunkel hier«, stellt Jesus fest.

Rita nickt. »So war der Laden schon, als wir ihn übernommen haben. Mein damaliger Mann und ich«, fügt sie erklärend hinzu. Sie zuckt mit den Schultern. »Schön finde ich das auch nicht gerade, aber für eine Renovierung fehlt mir das Geld!«

»Wo ist denn dein Mann jetzt?«, fragt Jesus neugierig.

»Der ist gestorben«, sagt Rita. »Lungenkrebs mit zweiundvierzig.«

»Oh.« Jesus schlägt sich Erbses Hand vor den Mund. »Ist es blöd, dass ich das jetzt gefragt habe?«

Rita winkt ab. »Ach was, das ist in Ordnung«, sagt sie. »Das ist schon fünf Jahre her. Damals war's schlimm, aber mittlerweile geht's. Und außerdem«, sie lächelt, »habe ich ja jetzt den Erwin.«

Jesus rutscht auf dem Barhocker vor. Endlich kommen sie auf das Thema zu sprechen, das ihn interessiert. »Und mit dem Erwin«, fragt er aufgeregt, »bist du mit dem so glücklich wie mit deinem ersten Mann?«

Rita reißt die Augen auf, dann lacht sie los. »Na, du

stellst Fragen!«, sagt sie. »Das wirst du doch hoffentlich nicht in deinen Aufsatz schreiben?«

Jesus schüttelt zaghaft den Kopf.

»Also gut«, sagt Rita. »Das mit dem Erwin ist nicht immer so einfach. Also, nicht dass es mit meinem ersten Mann immer einfach gewesen wäre, bestimmt nicht! Aber mit dem Erwin ist es – anders nicht einfach.« Sie nimmt auf dem Barhocker neben Jesus Platz. Auf der Theke steht ein Blumentopf mit einem Weihnachtsstern darin. Rita dreht eines der roten Blätter zwischen ihren Fingerspitzen hin und her. Es dauert etwas, ehe sie wieder zu sprechen ansetzt. »Den Erwin kenne ich jetzt seit einem Jahr, und er ist mir der liebste Mensch. Aber manchmal«, sie zögert, »manchmal habe ich das Gefühl, dass ich ihn überhaupt nicht kenne, und das macht mich verrückt.« Sie steht abrupt vom Stuhl auf, geht um die Theke herum und beginnt, einige Gläser zu polieren. »Mit Reiner, meinem ersten Mann, habe ich alles zusammengemacht. Den kannte ich schon aus meiner Jugendzeit, der war für mich wie ein aufgeschlagenes Buch. Aber der Erwin«, sie schüttelt den Kopf, »der zieht sich immer wieder vor mir zurück. Ich weiß einfach nicht, woran ich bei dem bin!« Gedankenverloren blickt sie auf die getönten Fensterscheiben, gegen die die ersten Regentropfen platschen. Dann wendet sie sich wieder Jesus zu, der wie gebannt zugehört hat. »Jetzt langweile ich dich hier mit meinen

Geschichten. Damit kannst du doch gar nichts anfangen!«

Wenn du wüsstest, denkt Jesus. Laut sagt er: »Also ich werde Folgendes über dich schreiben: ›Meine Nachbarin heißt Rita und hat eine Kneipe. Früher hat die Kneipe ihr und ihrem Mann gehört, aber der ist leider schon tot. Dafür hat sie jetzt einen neuen Mann, und das ist auch gut so. Wenn sie mal genug Geld hat, wird sie die Kneipe renovieren.‹« Er schaut Rita an. »Ist das in Ordnung so?«

»Ja«, sagt Rita und lächelt, »das ist in Ordnung so.«

Kapitel 9

Erwin sitzt am Tisch und starrt schon seit geraumer Zeit die Regentropfen an, die sich auf der Fensterscheibe sammeln, um dann in langen Streifen die Scheibe herunter zu tränen. Er mag den Tisch am Fenster, den wählt er jedes Mal, wenn er es zu Hause nicht mehr aushält und in sein Stammcafé flüchtet. Hier sitzt er und trinkt Kaffee, sieht dabei den Menschen zu, die auf der Straße vorbeieilen, und freut sich darüber, dass er selbst so gemütlich sitzen kann. Das war nämlich nicht immer so. Ein knappes Jahr ist es her, dass sich sein Leben radikal geändert hat. Davor hat es das Schicksal nicht so gut mit ihm gemeint. Auf der Straße hat er gelebt, mit nicht mehr als einem alten Schlafsack und ein paar Kleidungsstücken. Was dann genau passiert ist, kann sich Erwin noch immer nicht erklären. Eines Tages wachte er auf, wie aus einem tiefen Traum, und lag neben Rita im Bett. Einfach so.

Natürlich hat er Rita ausgefragt, wie sie sich kennengelernt haben. Zunächst zögerlich, damit sie nicht bemerken sollte, dass er keine Erinnerung daran hatte, dann immer eindringlicher. Mit Willi, einem ihrer Stammgäste, sei er an dem Abend gekommen, erzählte sie. Die beiden hätten fröhlich gezecht. An Willi konnte er sich erst erinnern, nachdem Rita ihn beschrieben und einige Gesprächsfetzen des Abends wiedergegeben hatte. Ein alter Bekannter müsse das gewesen sein, ein Schulfreund, und die beiden hätten das Wiedersehen nach langen Jahren gefeiert. Irgendwann hatte es Erwin gedämmert. Willi, tatsächlich, sein alter Freund aus der Volksschule, den er jahrzehntelang nicht mehr gesehen hatte. Erwin fragt sich, ob dieses Wiedersehen dazu geführt haben kann, dass er alle Erinnerungen an den Abend verloren hat. Vielleicht waren durch das Treffen mit dem alten Freund so viele Erinnerungen an frühere Zeiten wach geworden, dass sie das kurzzeitige Erinnerungsvermögen überlagerten. War so etwas möglich? Willi trifft er seitdem regelmäßig in Ritas Kneipe, und auch wenn Erwin nur noch mit Alkoholfreiem mit ihm anstößt, ist er ihm ein treuer Freund – wie damals, in Kindertagen.

Willi hat ihm auch geschildert, wo er ihn aufgelesen hatte. Mitten in der abendlich verlassenen Fußgängerzone habe Erwin gestanden und sehr verloren gewirkt. Willi habe ihn angesprochen und mit in die Kneipe genommen, um das Wiedersehen zu feiern. Dort war Erwin schließlich alleine zurückgeblieben. Und so hatte er die Wirtin Rita kennen- und lieben gelernt.

Ach, Rita, denkt Erwin und rührt versonnen in seiner Tasse. Wie verrückt er nach ihr war, vor einem Jahr. Sie war sein Engel, immer wieder sagte er ihr das, und genau so empfand er es auch. Wie kann es nur sein, dass sie ihm heute oft auf die Nerven geht, diese großartige Frau? Die ihn bei sich aufgenommen hat, ohne viele Fragen zu stellen? Die ihm geholfen hat, sein Leben zu ordnen? Tja, vermutlich ist es gerade das, diese Fürsorglichkeit, mit der sie ihn immer bedenkt, und die sich an schlechten Tagen anfühlt wie ein zu eng sitzender Rollkragenpullover. Denn das Gefühl der Freiheit, dieses Ihr-könnt-mich-alle-mal, das war der große Vorzug, den das Leben auf der Straße ihm damals geboten hat. Zu wissen, dass er tun konnte, was er wollte. Ohne jemanden, der Erwartungen an ihn hatte.

In Erinnerungen versunken, lässt Erwin seinen Blick aus dem Fenster schweifen. Der Regen fügt dem Grau-in-Grau der Straße eine dunklere Nuance bei. Der Asphalt der Straße glänzt nass, und wenn ein Wagen vorüberfährt, spritzt das Wasser empor und besprenkelt die Fußgänger. Die Scheinwerfer der Autos sind eingeschaltet, obwohl gerade mal Mittagszeit ist. Sie leuchten gegen das graue Dunkel an, ebenso wie die Weihnachtsbeleuchtung, die in die kahlen Äste der Bäume am Straßenrand gehängt ist. Die Passanten, jeder mit einem Regenschirm bewaffnet, ziehen eilig vorbei. Hin und wieder schaut jemand auf, durch die Fensterscheibe des Cafés direkt in Erwins Gesicht. Aber die Blicke sind leer, kein Interesse an ihm als Mensch ist darin zu erkennen.

Ob mich überhaupt einer von denen wahrnimmt?, fragt sich Erwin. Vermutlich ist er nur ein beliebiges Gesicht, ein Statist, dessen Existenz allenfalls Neid erzeugt bei den Vorübereilenden. Weil er Zeit und Muse hat, an einem Werktag im Café zu sitzen! Während die Welt da draußen für so etwas viel zu beschäftigt zu sein scheint. Aus dem Augenwinkel heraus nimmt Erwin plötzlich eine Gestalt wahr, die unbeweglich dort draußen verharrt. Er wendet den Kopf. Dort steht der dicke Junge aus dem Nachbarhaus und glotzt ihn an! Was hat der denn hier zu suchen?, denkt Erwin empört. Als der Junge Erwins Blick bemerkt, wendet er schnell den Kopf ab und macht ein paar Schritte rückwärts, wobei er eine ältere Dame anrempelt, die einen Dackel mit Regenmäntelchen spazieren führt. Erwin beeilt sich, nach draußen zu kommen. Das Kind ist verschwunden. Beim genaueren Hinsehen fällt Erwin jedoch ein Wollbommel auf, der über dem seitlich von der Hauswand stehenden Stromkasten hervorlugt. Mit wenigen Schritten ist er bei dem Kasten angelangt. Der Bommel gehört zu einer Mütze, und die sitzt auf dem Kopf des Jungen, der sich hinter dem Kasten zusammengekauert hat.

Erwin baut sich vor ihm auf. »Dich habe ich gestern doch auch schon hier gesehen!«, blafft er das Kind an. »Verfolgst du mich etwa?«

Der Junge starrt Erwin mit großen Augen an.

Wie ein Reh im Scheinwerferlicht, denkt Erwin. Er schlägt einen weniger schroffen Ton an. »Jetzt steh schon auf«, sagt er. »Du wirst ja ganz nass!«

Der Junge rappelt sich hoch und bringt noch immer keinen Ton heraus.

»Also, sag schon«, fordert Erwin ihn auf. »Was sollte das hier werden?«

Das Kind räuspert sich. »Entschuldigen Sie bitte«, bringt es kleinlaut hervor. »Ich wollte Sie nicht belästigen.«

Mit so viel Höflichkeit hat Erwin nicht gerechnet. Er ist einen Moment lang sprachlos. »Wie heißt du eigentlich?«, fragt er, nachdem er sich von seiner Überraschung erholt hat.

»Olli-Lolli«, antwortet der Junge mit einer kleinen Verbeugung.

»Ich heiße Erwin«, sagt Erwin irritiert. »Wir sind uns doch vor ein paar Tagen auf der Straße begegnet, nicht?«

Das Kind nickt.

»Wohnst du nicht bei uns nebenan?«

Wieder ein Nicken.

»Und kannst du mir dann vielleicht mal erklären, was du hier zu suchen hast? Das kann ja wohl kein Zufall sein!« Erwin hat drohend den Zeigefinger gehoben. So eingeschüchtert, wie der Junge jetzt aussieht, tut er ihm beinahe leid.

Gott ist die Situation sehr unangenehm. Dass Erwin ihn erwischt, war nicht eingeplant. Und Er hatte gedacht, Er habe sich bei der Beschattung unauffällig verhalten! Was soll ich denn jetzt nur machen?, fragt sich Gott. Und Er beschließt, es mit einem Fünkchen Wahrheit zu versuchen. »Ich habe gestern zufällig gesehen, wie Sie alleine spazieren gegangen sind. Sie haben dabei so einsam ausgesehen«, erklärt Er. »Da wollte ich Ihnen Gesellschaft leisten – wenn auch nur heimlich!«

Die Offenheit des Kindes nimmt Erwin allen Wind aus den Segeln. »Kein Scherz?«, fragt er.

Der Junge schüttelt den Kopf.

Erwin streicht sich verwirrt über den Kopf und bemerkt erst jetzt, wie nass er geworden ist. Nicht nur seine Haare, auch der Pullover ist regendurchtränkt, weil er in der Eile vergessen hat, seine Jacke überzuziehen. Die hängt noch immer über der Stuhllehne im Café, wo auch sein Cappuccino auf ihn wartet.

»Weißt du was, Olli-Lolli«, sagt er daher versöhnlich, »lass uns reingehen. Ich lade dich auf 'nen Kakao ein!«

10 Kapitel

Der Stall riecht nach feuchtem Stroh und warmen Tierkörpern. Die Pferde stehen auf dem Gang neben den Pferdeboxen. Melanie, eine jugendliche Stallhelferin, hat Jesus den braunen Hengst zugeteilt.

»Du reitest heute wieder auf Moritz«, hat sie zur Begrüßung gesagt und es so klingen lassen, als habe Erbse damit das goldene Los gezogen.

Jetzt steht Jesus neben dem schnaubenden Tier und schaut sich unsicher um. Der Rücken des Pferdes überragt Erbses Kopf um Handbreite. Die anderen Mädchen, wie Erbse ausgestattet mit Helm, Reithose und den passenden Stiefeln, sind damit beschäftigt, die Tiere vorzubereiten.

Eines der Kinder lächelt Jesus zu und entblößt dabei eine Zahnlücke, die im Oberkiefer klafft. »Hallo, Erbse!«, sagt es und winkt mit einer behandschuhten Hand. In der anderen Hand hält es das mit Mist verschmierte Werkzeug, mit dem es gerade die Hufe seines Pferdes ausgekratzt hat.

Jesus winkt zurück. Dann geht er zum Kopf des Hengstes vor. Das Tier ist mit den Zügeln an einem Eisenring an der Stallwand festgemacht. Sein Blick aus großen, dunklen Augen erscheint Jesus warmherzig und traurig zugleich. Er hebt vorsichtig Erbses Hand und tätschelt dem Braunen die Stirn. »Brav«, sagt er und gibt der Mädchenstimme einen beruhigenden Klang. »Braves Tier.« Er ist sich dabei nicht sicher, wen er beruhigen will – das beeindruckend große Pferd oder sich selbst.

»Erbse! Du hast ja noch nicht mal angefangen!« Die empörte Stimme von Melanie, die plötzlich neben Jesus steht, lässt ihn vor Schreck zusammenfahren. »Jetzt aber schnell!« Melanie ergreift einen Huf des Tieres und beginnt, ihn mit dem Auskratzer zu säubern. »Hol schon mal den Sattel!«, befiehlt sie Jesus und weist mit dem Kopf in die Richtung, wo die Ausstattung für die Tiere bereitliegt. Mit geübten Griffen sattelt sie das Pferd. Dann blickt sie Jesus auffordernd an. »Na, was ist jetzt?« Melanie weist auf den Steigbügel, der auf Höhe von Erbses Bauchnabel hängt. »Brauchst du 'ne Räuberleiter?« Ohne die Antwort abzuwarten, verschränkt sie ihre Hände und bietet sie als Aufsteighilfe an.

Jesus streift die Sohlen von Erbses Reiterstiefeln am Steinboden ab, bevor er vorsichtig die linke Fußspitze in die Hand des Mädchens setzt, wie er es zuvor bei den anderen beobachtet hat. Mit einem kräftigen Ruck wuchtet Melanie Erbses Körper in die Höhe, so dass Jesus fast von allein im Sattel landet. Noch ehe er den rechten Fuß im Steigbügel untergebracht hat, hat das Mädchen bereits Moritz' Zügel gelöst. Jetzt führt Melanie das Tier aus dem Stall heraus, und die anderen Kinder folgen auf ihren Pferden. Draußen dämmert es, und die Luft ist deutlich kühler als im Stall. Obwohl ihn die ungewohnte Sitzhöhe verunsichert, jubiliert

Jesus innerlich. Ich reite!, denkt er und strahlt vor Stolz, während er sich bemüht, die schaukelnden Bewegungen des Tieres durch eine Verlagerung von Erbses Körpergewicht auszugleichen. Er hält sich am Sattelknauf fest und reckt den Rücken, um die aufrechte Haltung der anderen Reiterinnen zu imitieren. Die Karawane zieht an einem umzäunten Auslauf vorbei. Auf der anderen Seite des Geländes steht eine große Halle, die sie durch ein weit geöffnetes Flügeltor betreten. Der Geruch nach Heu und Pferd ist überwältigend. Melanie führt die Tiere mit den Reitschülerinnen quer durch die Halle. Dann drückt sie Jesus die Zügel in die Hand und verschwindet. Der Hengst unter Erbses Hintern macht ein paar unruhige Schritte auf der Stelle. Plötzlich ist Jesus gar nicht mehr so enthusiastisch zumute. Die anderen Mädchen sitzen nach wie vor kerzengerade auf ihren Pferden, die Zügel fest in der Hand, und reden den Tieren leise zu. Manche tätscheln den Hals ihres Pferdes. Jesus probiert das ebenfalls, aber der Braune schüttelt unwirsch den Kopf, so dass er Erbses Hand erschrocken zurückzieht.

In diesem Moment tritt eine Frau in die Mitte der Halle. Ohne Umschweife beginnt sie, Befehle zu erteilen. Im Schritttempo lassen die Schülerinnen ihre Tiere einen großen Kreis durch die Halle ziehen. Mit Erleichterung stellt Jesus fest, dass sein Hengst den anderen willig folgt. Als Nächstes reiten sie eine Bahn in der Form einer Acht. Auch das gelingt, und Jesus freut sich. Das müsste der Alte sehen!, denkt er voller Stolz und ärgert sich, dass sein Vater nicht dabei ist, um ihn bewundern zu können.

»Und im Trab!«, ruft die Reitlehrerin jetzt mit durchdringender Stimme und lässt ihre Peitsche knallen.

Sofort fallen die Pferde in einen ruckeligen Laufschritt, so dass Jesus Schwierigkeiten bekommt, sich aufrecht zu halten. Er schlingt die Zügel fest um Erbses Hände, bis das Leder schmerzhaft in die Haut schneidet. Während der Hengst mit den anderen Pferden durch die Halle trabt, schlägt Jesus das Herz bis zum Hals. Immerhin gelingt es ihm, im Sattel zu bleiben – trotzdem hofft er inständig, dass die Reitstunde bald zum Ende kommt.

»Uuuuund Galopp!«, bellt die Lehrerin ihren nächsten Befehl.

Beim Geräusch der Peitsche treiben die anderen Mädchen ihre Pferde an, und Moritz fällt in eine ungestüme Laufart, die Jesus augenblicklich in Panik versetzt. Er versucht sich verzweifelt festzuhalten. Doch plötzlich rutscht er aus dem Sattel und hängt seitlich an dem dahinjagenden Tier, die Hände krampfhaft um die Zügel geklammert, die Füße in den Steigbügeln verheddert. »Hilfe!«, entfährt es ihm, was aber im Stampfen der Hufe untergeht. Er hat keinerlei Kontrolle über das kraftvolle Tier. Moritz galoppiert unbeirrt weiter, während Jesus fürchtet, jeden Augenblick den Halt zu verlieren.

Wenn ich jetzt stürze, bricht sich Erbse das Genick!, denkt Jesus voller Schrecken. In seiner Angst sieht er nur einen, der ihm helfen kann: Erbse! Mit letzter Kraft erweckt er das Bewusstsein des Mädchens und verlässt im selben Augenblick den menschlichen Leib. Aus sicherer Entfernung, unsichtbar über dem Geschehen schwebend, beobachtet er, wie Erbse sich wieder nach oben in den Sattel zieht. Das Tier fällt in den Trab zurück. Erbse schert aus der Reihe der Reiterinnen aus und bringt den Hengst schließlich am Rande der Reitbahn zum Stehen.

Jesus betrachtet das Schauspiel mit grenzenloser Bewunderung für das Mädchen. Wie konnte ich sie nur in so eine gefährliche Situation bringen?, fragt er sich vorwurfsvoll. Er will gar nicht daran denken, was alles hätte passieren können.

Erbse lässt sich derweil aus dem Sattel gleiten und schaut sich verwundert um.

»Was soll das, Erbse?«, ruft die Lehrerin streng.

Das Mädchen macht ein paar unsichere Schritte, dann knickt es in den Knien ein und lässt sich auf den mit Holzspänen bedeckten Boden plumpsen. »Mir ist so komisch«, sagt Erbse. »Ich glaube, ich will lieber nach Hause!«

11 Kapitel

Es ist ein herrliches Gefühl, wieder körperlos zu sein. Frei, leicht, schnell – eins mit der Atmosphäre. Das fühlt sich regelrecht himmlisch an, denkt Jesus. Er schießt als Sturmböe über die Stadt und liefert sich ein Wettrennen mit den Tauben, die aufgescheucht über die Dächer flattern. Dann lokalisiert er seinen Vater. Olli-Lolli schlurft mit müden Beinen durch die Straßen, dem Zuhause des Jungen entgegen. Anscheinend kommt Er erst jetzt von der Verfolgung Erwins zurück, zu der Er am Vormittag aufgebrochen war. Jesus drosselt sein Tempo, dann sinkt er hinab und umhüllt den Körper des Jungen.

Gott spürt die Gegenwart seines Sohnes deutlich und bleibt wie erstarrt stehen. »Jesus, bist du das?«, flüstert Er.

Im nächsten Moment schlüpft Jesus in Olli-Lollis Körper.

»Was soll das denn werden?!«, fragt Gott aufgebracht, »Hier bin ich doch schon drin!«

»Sorry, ich musste bei mir raus!«, signalisiert Jesus ihm.

Im selben Augenblick kennt Gott die ganze Geschichte. Die göttliche Einheit ist wiederhergestellt – Vater und Sohn teilen ein gemeinsames Bewusstsein, mit allen Gedanken und allen Erinnerungen.

»Gab's denn wirklich keine andere Lösung, als Erbse so überstürzt zu verlassen und das Projekt in Gefahr zu bringen?« Gottes Einwand schleicht in der Form eines schlechten Gewissens durch das Bewusstsein. Doch die Erinnerung an das galoppierende Pferd, die beide nun teilen, erschreckt auch ihn, so dass Er seinem Sohn keine weiteren Vorhaltungen macht. Jesus unterdessen liest in den Gedanken seines Vaters, wie dessen Tag verlaufen ist. Ein weiterer einsamer Spaziergang von Erwin, dem Gott als Olli-Lolli unauffällig folgte. Bis Erwin ihn durch das Fenster seines Stammcafés entdeckte und zur Rede stellte. Schließlich hat der Mann ihn ins Café eingeladen. Die beiden haben sich nett unterhalten und für den folgenden Tag wieder zum Spaziergang verabredet.

»Ich bin mit Rita aber auch weitergekommen!«, lässt Jesus seinen Vater wissen und macht ihn auf die Erinnerung an das Gespräch zwischen Erbse und Rita aufmerksam.

»Gut«, signalisiert Gott, »aber was bringt uns das, wenn du nicht mehr in Erbse steckst? Du musst zu ihr zurückgehen, sie ist das Bindeglied zu Rita!« Außerdem ist es mir mit dir hier drin zu eng, denkt Gott, und sein Sohn muss ihm zustimmen. Trotzdem erscheint es ihm unmöglich, wieder in Erbse zu schlüpfen. Er macht sich noch immer Vorwürfe, das Kind in Gefahr gebracht zu haben.

»Und wie verwirrt und unsicher sie war, nachdem sie wieder aufgewacht ist«, erinnert er sich. »Das kann ich ihr wirklich nicht noch einmal zumuten!« Jesus überlegt hin und her. »Können wir nicht einen anderen Weg finden, um an Erwin und Rita heranzukommen?«, fragt er schließlich. »Vielleicht eine neue Gestalt?«

Sofort erfüllt Gottes Gegenargument das geteilte Bewusstsein. »Ohne die Kinder ist alles bisher umsonst gewesen!«, rügt Er. »Wir brauchen Erbse und Olli-Lolli!«

»Und wenn wir versuchen, die Kinder davon zu überzeugen, mit uns zusammenzuarbeiten?«, setzt Jesus dagegen.

Gott zweifelt. Allerdings muss Er zugeben, dass ihn die Aussicht reizt, den Körper des Jungen so bald wie möglich zu verlassen. Nie wieder Ärger mit Lollis Brüdern, wabert ein Gedanke als verführerische Aussicht durch das Bewusstsein. »Aber wie um alles in der Welt soll es uns gelingen, die Kinder für unsere Sache zu gewinnen?«, fragt Gott.

»Lass mich nur mal machen«, signalisiert ihm Jesus. »Es ist alles nur eine Frage des richtigen Auftretens!«

Und plötzlich, ohne dass sie genau sagen könnten, wie es geschieht, sind sich Vater und Sohn einig. Sobald Olli-Lolli an diesem Abend eingeschlafen sein wird, werden sie den Körper verlassen.

Still und friedlich liegen die Straßen in der Dunkelheit. Eine klirrende Kälte hat Einzug in die Stadt gehalten und die Menschen in ihre Häuser getrieben. Niemand ist auf der Straße zu sehen, nur gelegentlich fährt ein Auto vorbei. Die Fenster der Häuser sind durch Vorhänge vor Blicken von außen geschützt, heimelig und warm scheint Licht auf die Straße hinaus. Einige Fenster sind weihnachtlich mit kleinen Lämpchen geschmückt, hier und da verzieren Figuren und Lichterketten die Fassaden. Die göttliche Einheit schwebt als unsichtbare Wolke durch winterfeste Vorgärten, vorbei an parkenden Autos, auf deren Scheiben Eisblumen erblühen, über das kahle Geäst der Bäume am Straßenrand hinweg. Keine Menschenseele ist unterwegs, nirgends. Na toll, denkt Gott, und wo sollen wir jetzt neue Gestalten herbekommen?

Jesus weist darauf hin, wie wichtig es sei, sich zu entspannen und den Dingen ihren Lauf zu lassen. Doch Gott ist es nicht gewöhnt, die Kontrolle abzugeben. Plötzlich sind Schritte auf dem Asphalt zu hören, und im nächsten Moment biegt jemand um die Straßenecke. Der Mann, eingehüllt in einen schweren Mantel, die Mütze tief ins Gesicht gezogen, bleibt kurz stehen, dann lässt er einen leisen Pfiff ertönen. Augenblicklich kommt ein dunkler Hund um die Ecke geschossen, der ihn beinahe umrennt.

»Schsch, Frido. Ganz ruhig!«, mahnt der Mann.

Das Tier wedelt mit dem Schwanz und setzt seinen Weg fort, wobei es mit der Nase am Boden mal hier, mal dorthin trottet, die Gartenzäune beschnuppert, die Reifen der parkenden Autos, die Stämme der Bäume am Straßenrand, und alle paar Schritte das Hinterbein hebt, um seine Duftmarke zu hinterlassen. Plötzlich gewahren Vater und Sohn ein tiefes, kehliges Brummen. Das unheilvolle Geräusch geht von einer Katze aus, die in einem der Vorgärten im Baum hockt. Das weiße Fell aufgestellt, der Rücken zu einem steilen Bogen gekrümmt, der buschige Schwanz kerzengerade, die Ohren angelegt.

Das Brummen hat mittlerweile auch die Aufmerksamkeit des Hundes erregt. Mit zwei Sprüngen ist er am Zaun des Gartens angelangt und richtet sich daran auf – die Pfoten auf dem Geländer aufgestützt, den Kopf weit vor gestreckt, jeder Muskel im Körper angespannt. Ein Knurren entweicht dem Hund, was die Katze mit scharfem Fauchen erwidert. Im nächsten Augenblick setzt der Hund zu einem ohrenbetäubenden Gebell an. Der Hundehalter kommt hinzugelaufen und packt das Tier am Halsband, um es vom Zaun fortzuziehen. Mit seinen zunächst ruhig hervorgebrachten, dann zunehmend energischeren Befehlen kann er nichts ausrichten. Die beiden Tiere giften sich so hasserfüllt an, dass man meinen könnte, die Luft zwischen ihnen sei elektrisch aufgeladen. In dem Haus, zu dem der Vorgarten gehört, geht hinter einem der Fenster das Licht an. Der Vorhang wird zur Seite gerissen, und eine Frau im rosafarbenen Bademantel öffnet das Fenster. Auf dem Kopf trägt sie eine Vielzahl kleiner Lockenwickler, was lustig aussehen könnte, wenn ihr Blick dazu nicht so wütend wäre.

»Holen Sie gefälligst Ihren Hund zurück!«, schreit sie den Mann an, der noch immer vergeblich am Halsband des Tieres zerrt. »Oder ich rufe die Polizei!« Dann reckt sie ihre Arme in die Richtung der Katze, die vor Aufregung keinen Blick für sie übrig hat. »Komm, Marlene«, ruft die Frau lockend, »komm heim zu Mama!«

Der Hundebesitzer hat zwischenzeitlich eine Leine aus der Manteltasche gezogen und sie am Halsband seines Tieres befestigt. Vergeblich zerrt er daran, doch der Hund bewegt sich nicht von der Stelle. Wütend schimpft der Mann vor sich hin, auf den Hund, auf die Frau und die Katze, was jedoch im Krach der beiden Tiere untergeht.

»Hund und Katze«, sinniert Jesus, »schwarz und weiß. Das Männliche und das Weibliche, Yin und Yang … Das ist es doch!«

»Du meinst, wir sollen die Tiere übernehmen?« Gott kann sich nicht vorstellen, was sein Sohn im Schilde führt.

»Aber ja!« Jesus ist voller Eifer. »Als Tiere haben wir

viel mehr Spielraum, wir können Erwin und Rita belauschen, ohne aufzufallen – und nicht zuletzt können wir uns so den Kindern nähern. Erbse liebt doch Tiere!«

Auch wenn Gott noch nicht ganz überzeugt ist, willigt Er ein. »Wir können es ja mal versuchen. Das ist immer noch besser, als hier untätig herumzuschweben!« Flugs teilt sich die göttliche Energie und fährt in die Tiere ein. Augenblicklich erstirbt der Lärm, der die Straße eben noch erfüllte. Jesus dreht sich um und springt leichtfüßig vom Ast in die noch immer ausgestreckten Arme der Frau am Fenster, die ihn an sich schmiegt und ihm beruhigend zuredet. Gott lässt vom Gartenzaun ab. Der Druck, der auf dem Halsband liegt, reißt ihn nach hinten. Er zieht den Schwanz ein und senkt den Kopf in demütiger Haltung. So schmiegt er sich an die Beine des Hundebesitzers, der noch immer aufgebracht vor sich hin schimpft. Nach einigen Schritten, die Gott brav bei Fuß gegangen ist, stellt der Mann sein Schimpfen ein.

»Das war aber auch eine frustrierte Alte«, sagt er schließlich, ohne dass Gott unterscheiden kann, wen er nun meint – die Frau oder die Katze. »Komm, Frido. Wir beide gehen jetzt nach Hause!«

CORNFLAK

12 Kapitel

Olli erwacht mit Schmerzen in den Beinen. Eindeutig Muskelkater. Dabei hat er doch gestern gar nicht Sport gehabt. Er erinnert sich nur an seine übliche Runde zum Spielplatz, und an die Steinchen, die Flo und dieser Blödmann von Roger ihm an den Rücken geknallt haben. Aber so schlimm kann das doch nicht gewesen sein, oder? Plötzlich fällt ihm auch noch ein, was dieser Spielplatzrunde vorausgegangen war: die Begegnung mit Erbse, dem Mädchen aus dem Nachbarhaus! Sie hat mich wieder nicht beachtet, denkt er und spürt, wie ihm die Verlegenheit heiß zu Kopf steigt. Er hebt die Bettdecke an, die er sich im Schlaf bis über die Ohren gezogen hatte, und schaut auf seinen Radiowecker. 7:16 Uhr, stellt er fest, und draußen vor dem Fenster ist es noch stockdunkel. Dass er ausgerechnet am Samstag so früh aufwachen muss, ärgert ihn. Er presst die Augen fest zu, um wieder einzuschlafen. Doch im nächsten Moment nimmt er Geräusche in der Wohnung wahr. Eine Tür fällt laut ins Schloss, und aus dem Badezimmer ist das Rauschen der Dusche zu hören. Wahrscheinlich Mama, denkt Olli, da sie samstags um diese Zeit von der Nachtschicht nach Hause kommt. Aber wie kann sie zur gleichen Zeit an der Tür und unter der Dusche sein? In diesem Moment wird die Zimmertür aufgerissen, das Licht angeknipst, und Florian, Ollis Bruder, kommt herein. Er ist nackt bis auf das Handtuch, das um seine mageren Hüften geschlungen ist.

»Brrrr«, macht er laut und klappert theatralisch mit den Zähnen. Im nächsten Augenblick landet das feuchte Frotteetuch mit einem Klatschen auf Oliver.

»He!«, schreit der empört und richtet sich im Bett auf.

»Kannst ruhig auch mal aufwachen, du Spasti«, grummelt Florian, während er seine Klamotten zusammensucht, die auf dem Boden verstreut liegen.

»Was hast du denn vor?«, fragt Olli jetzt neugierig.

»Na was wohl? Ich muss zur Schule!«, sagt Florian und schnaubt verächtlich durch die Nase. »Hat ja nicht jeder so ein Schweineglück wie du!«

»Am Samstag?« Oliver zeigt ihm den Vogel. »Du spinnst doch!«

»Samstag?« Florian hält inne, seinen verknautschten Pullover in den Händen haltend. »Schön wär's! Heute ist Dienstag, und ich schreibe Mathe!«

Gerade, als Olli ihm erklären will, dass eindeutig Samstag ist und er sich zurück ins Bett legen soll, fliegt die Tür auf, und Christof, der älteste der drei Brüder, steht im Türrahmen. »Ach, der Affe ist auch schon wach«, stellt er mit einem Seitenblick auf Oliver fest. Dann ist er mit zwei Schritten bei Florian und packt ihn am Arm. »Hast du Blödmann mein Deo geklaut?«, fragt er drohend.

Gleich darauf sind die beiden in ein Handgemenge verstrickt, und Olli nutzt die Gelegenheit, sich aus dem

Zimmer zu stehlen. Verrückt, denkt er. Beide völlig plemplem. In der Küche sitzt die Mutter am gedeckten Frühstückstisch, in eine Zeitung vertieft. Als sie Oliver über den Rand hinweg erblickt, lächelt sie ihn an.

»Sieh mal, es ist sogar auf der Titelseite!«, sagt sie aufgeregt und streckt ihm das Blatt entgegen. *SPEKTAKULÄRER RÖMERFUND AN KÖLNER SCHULE* steht da fettgedruckt, und der Junge auf dem Foto darunter kommt Olli bekannt vor. Ja, sicher, den hat er schon ein paarmal auf dem Schulhof gesehen. Auf dem Bild streckt er dem Betrachter zwei Hände voll alter Münzen entgegen und grinst über das ganze Gesicht.

Oliver wirft seiner Mutter einen überraschten Blick zu. »Das ist ja über unsere Schule!«, ruft er aus. Er überfliegt, was dort geschrieben steht. Von einem »ungewöhnlichen Fund« ist die Rede, der für die Wissenschaftler höchst interessant sei. Und dass die Archäologen trotz der kühlen Witterung auf Hochtouren arbeiten würden, um das Gebiet nach weiteren Schätzen abzusuchen. Plötzlich hält der Junge inne. »Am gestrigen Montagmorgen«, liest er laut vor. Und mit vor Überraschung schnell klopfendem Herzen sucht er die Datumsanzeige in der oberen Ecke der Zeitung. »Dienstag!«, ruft er erstaunt aus und lässt das Blatt aus der Hand fallen. »Aber wieso …?« Er fasst sich an die Stirn. »Dann muss ich ja auch zur Schule!«

Die Mutter legt den Kopf schief. »Du hast doch nicht

etwa vergessen, dass ihr schulfrei habt?«, fragt sie ungläubig. »Die ganze Woche über!«

Es poltert, und die Brüder stürzen in die Küche. Hektisch nehmen sie am Tisch Platz, streiten sich erst um die Cornflakes-Packung, dann um die Milch. Schließlich mampfen sie vor sich hin, und es wird wieder ruhiger in der Küche. Bis Florian zu kichern anfängt.

»Der Depp dachte vorhin echt, heute wär Samstag«, wiehert er und zeigt mit dem Löffel auf Olli. »Ich meine, dass Liebe blind macht, weiß man ja, aber auch blöd?«

Christof lacht auf. »Muss ja, sonst würde die sich bestimmt nicht mit dem Affen abgeben!« Und an Olli gewandt fügt er hinzu: »Na, Lolli, wann siehst du deine Schnecke denn wieder?«

Oliver blickt verständnislos von einem zum anderen.

Die Mutter ist zwischenzeitlich vom Tisch aufgestanden und hat ihr benutztes Geschirr in die Spülmaschine geräumt. »Jetzt lasst ihn doch!«, tadelt sie die Großen und streichelt Olli im Vorbeigehen durch die Haare. »Ich freue mich jedenfalls für dich, dass du so eine nette Freundin gefunden hast«, sagt sie leise. Und mit einem aufmunternden Lächeln fügt sie hinzu: »Du kannst sie doch auch mal hierher einladen, was meinst du?«

Olli legt die Stirn in Falten. »Wovon redet ihr

eigentlich?«, fragt er verständnislos. »Wen soll ich einladen?«

Die Mutter kneift ihn neckend in die Wange. »Na, deine kleine Freundin von nebenan, Erbse, oder wie sie heißt.«

Olli spürt, wie die Hitze in seine Ohren steigt.

Florian stöhnt: »Lolli und Erbse!« und lacht sich halb kaputt, bis die Mutter ihn mit einem scharfen Blick zum Schweigen bringt.

»Ab mit euch in die Schule!«, befiehlt sie und scheucht die beiden Großen mit wedelnden Handbewegungen aus der Küche. Dann setzt sie sich zurück an den Tisch. »Ich kann dir noch ein bisschen Gesellschaft leisten«, sagt sie und füllt eine Schüssel mit Cornflakes und Milch.

Verwirrt rührt der Junge darin herum. Tausend Fragen gehen ihm durch den Kopf. Wenn heute tatsächlich Dienstag ist, denkt er, wieso habe ich dann keine Erinnerung an die vergangenen drei Tage? Und wie in aller Welt kommen die darauf, dass ich und Erbse …?! Er räuspert sich und wendet sich wieder der Mutter zu. »Das mit Erbse«, setzt er zögerlich an. »Wieso denkst du, dass wir befreundet sind?«

Die Mutter lächelt. »Na komm schon«, sagt sie sanft. »Lass die doch reden – Jungs und Mädchen können doch wohl Freunde sein, da brauchst du dich doch nicht für zu schämen!« Und nach einer kurzen Pause fügt sie hinzu: »Ist es für ihre Eltern denn in Ordnung, wenn du heute schon wieder zu ihr rübergehst?«

Der Blick ihres Sohnes ist das reinste Fragezeichen. »Heute – rübergehen?«, stammelt Oliver.

»Na, du hast doch gestern gesagt, dass ihr verabredet seid. Wo ihr beide schulfrei habt.« Sie schaut auf ihre Armbanduhr und steht auf. »Ich muss leider auch schon los. Aber ich freue mich, wenn du dich mit Erbse triffst, dann bist du ja nicht den ganzen Tag alleine hier.«

Oliver bleibt am Tisch sitzen und versteht noch immer gar nichts. Er überlegt hin und her, aber da ist keine einzige Erinnerung an die vergangenen Tage, die etwas Licht in seine Verwirrung bringen könnte. Es hilft alles nichts, denkt er schließlich. Ich muss mit Erbse reden.

13 Kapitel

Es herrscht Mondfinsternis auf dem Planeten Karabibi, und wie jedes Mal nutzen die Bibianer diese Gelegenheit, ein ausschweifendes Fest zu feiern. Sie zünden unzählige kleine Lichter an und tanzen bis zum Umfallen zum Rhythmus der großen Trommeln, die ringsum am Planetenrand aufgestellt sind. Karabibi ist ein scheibenförmiger Planet, flach wie eine irdische Flunder, mit nur einer einzigen Erhebung in der Mitte – dem Berg Karatoko, über dessen Spitze der Heilige Geist gerade schwebt. Er hat sich diesen ruhigen Platz ausgesucht, um sich ein wenig von dem Trubel zu erholen, der unten herrscht. Wie jedes Mal ist er als Ehrengast zur Mondfinsternisfeier eingeladen worden. Er ärgert sich darüber, dass er es wieder einmal nicht übers Herz gebracht hat, die Einladung der Bibianer auszuschlagen. Dabei hätte er nach seinem anstrengenden Arbeitstag besser daran getan, sich zurückzuziehen und neue Kräfte zu schöpfen. Wie viele Lichtjahre er heute wieder einmal zurückgelegt hat! Kreuz und quer im Universum ist er unterwegs gewesen, hat Small Talk mit den Weltallbewohnern gehalten, hat vermittelt, zugehört, ge- und vertröstet. Und jetzt ist er hier, auf Karabibi, und sieht den sich im Kreis drehenden Tänzern zu. Der Außenminister mag Karabibi, diesen fröhlichen Himmelskörper, der mit dem in der Mitte sich erhebenden Berg aussieht wie ein Hut. Der Planet dreht sich in verschiedenen Geschwindigkeiten um die eigene Achse, je nachdem, wie ausgelassen die feierfreudigen Bewohner tanzen. Jetzt gerade gewinnt er eindeutig an Schwung, dreht sich schneller und schneller, und unter den Blicken des Heiligen Geistes, oben auf seinem Aussichtspunkt, verschwimmen die Tänzer und die Lichter am Boden zu gleißenden Streifen, so dass er seine Augen schließen muss, damit ihm nicht schwindelig wird. Er fühlt sich müde, sehr, sehr müde. Doch gerade, als sich sein Bewusstsein in den Dämmerzustand verabschieden will, schlägt sein intergalaktisches Mobilofon Alarm. Nicht mal in Ruhe ein Nickerchen machen darf man hier!, denkt der Außenminister verärgert und macht sich empfangsbereit.

»Ja?«, raunt er und vernimmt sogleich die aufgeregte Stimme seines Gesprächspartners: »Jetzt seid doch mal still hier. RUHE! Ich bin am Funken, Herrgott noch mal!«

Im Hintergrund ist Gekicher und Gekreisch zu hören, und ein lautes Krachen, als ob gerade ein größeres Möbelstück umgestürzt wäre.

Oh nein, nicht auch das noch, denkt der Heilige Geist, die Engel! Am anderen Ende der Leitung funkt Metatron, der Vorsteher des Engelschors. Der Heilige Geist dachte sich schon, dass es keine besonders weise Entscheidung war, die Engel mit den himmlischen Büroarbeiten am Seelenempfang zu betrauen. Doch hatte er keine andere Möglichkeit gesehen, wenn er nicht selbst dort am Schreibtisch versauern wollte. Die Stimme von Metatron verrät deutlich, dass etwas nicht in Ordnung ist.

»Was ist denn bloß los bei euch?«, fragt der Heilige Geist alarmiert.

»Sie sind außer Rand und Band!«, beschwert sich Metatron. »Sie jagen sich gegenseitig um den Schreibtisch! Sie … sie … Sie bewerfen mich mit Papierkügelchen!« Die Empörung in der Stimme des Himmelsboten ist unüberhörbar. »Ich habe wirklich alles versucht, aber es ist einfach nichts zu machen«, jammert er. »Und die Warteschlange der Seelen wird unterdessen länger und länger. Es muss unbedingt etwas geschehen, sonst werden wir das niemals aufgearbeitet kriegen, bevor der Chef in den Himmel zurückkehrt!« Das Nächste, was Metatron sagt, geht im fröhlichen Geschrei der aufgedrehten Engel unter.

Der Heilige Geist seufzt. Diese Himmelswesen sind einfach nicht zu bändigen. Sie sind die geballte Energie, und auch wenn sie immer wieder versuchen, sich zu beherrschen, geht früher oder später ihr Temperament mit ihnen durch. Da hilft nur eines: »Hast du es schon mit Singen versucht?«, fragt der Außenminister hoffnungsvoll. Denn das ist die einzige Möglichkeit, etwas Ruhe und Ordnung in den Haufen zu bringen. Kaum erklingen die ersten Töne, sammeln sich alle Engel um den Sänger und stimmen mit ein. Dieses Mindestmaß an Disziplin hat Gott ihnen in jahrmillionenlanger Chorarbeit mit viel Geduld und Strenge beigebracht. Die sphärischen Gesänge der Engel sind legendär.

»Wir singen alle naselang«, erklärt Metatron zerknirscht. »Aber das heißt, dass die Arbeit hier am Empfangstisch wieder und wieder zum Stillstand kommt! Denn du weißt ja, wenn sie einmal zu singen anfangen, hören sie so schnell nicht wieder auf. Auf die Art werden wir doch nie fertig!« Die Stimme des Engelvorstehers verrät seine Verzweiflung.

»Hat es etwa schon Beschwerden gegeben?«, fragt der Heilige Geist beunruhigt.

»Nein, bis jetzt zum Glück noch nicht. Die wartenden Seelen erfreuen sich jedes Mal von neuem an unserem Gesang.« Jetzt liegt eine Spur von Stolz in der Stimme des Oberengels.

Der Außenminister kann sich bildhaft vorstellen, wie sich die Wartenden von den wunderschönen Engeln, diesen Himmelsgewächsen, und ihrem nie gehörten, glasklaren Gesang bezaubern lassen. Er selbst ist jedes Mal hingerissen, wenn er diesem Schauspiel beiwohnt. Und da der Lärm am anderen Ende der Leitung wieder überhandnimmt, hebt der Vorsteher des Engelschors nun auch prompt zu singen an. Fasziniert wird der Heilige Geist Zeuge davon, wie der allgemeine Lärm augenblicklich abbricht, und mehr und mehr Stimmen sich zu einem hohen, vollen Klang vereinen. Der Heilige Geist gibt sich dem Gesang hin, der ihn ausfüllt, der ihn wegträgt von seinen Sorgen, seiner Erschöpfung. Die Engel singen aus Leibeskräften, die planetarische Scheibe unter ihm dreht sich, und die Sterne um ihn herum funkeln in der Dunkelheit des Universums. Schön ist das, denkt der Heilige Geist. Er lässt seinen Blick über das tanzende Volk schweifen und entdeckt in der Menge Kara-Li, die jüngste Tochter des Königs der Bibianer. Die Schönheit der Prinzessin ist im ganzen Universum bekannt, und auch der Außenminister, der schon so manches gesehen hat, ist jedes Mal wieder entzückt von ihrem Anblick. Ihre Haut ist hell und makellos wie die Oberfläche der Karabibimonde, ihre Greifarme sind schlank und wohlgeformt wie die Schlegel der großen Trommeln, und ihre Augen strahlen hell wie die Sombrero-Galaxie. Beim Anblick der Prinzessin schwebt der Heilige Geist noch ein kleines bisschen höher über der Spitze des Berges Karatoko. Nachdem die Engel ihr gesamtes Liedgut durchgesungen und zwei Stücke sogar wiederholt haben, bricht der Gesang plötzlich ab.

Der Heilige Geist, noch ganz in anderen Sphären treibend, vernimmt die erschöpfte Stimme von Metatron, die ihn sogleich wieder zu sich bringt: »So geht das jedes Mal. Sie hören nicht auf, ehe sie mit allen Liedern durch sind. Jetzt werden sie eine Weile wieder ordentlich arbeiten, dann geht das Ganze von vorne los.

Und die Reihe der Wartenden wächst und wächst. Ich weiß einfach nicht mehr weiter!«

Der Außenminister gibt sich einen Ruck. »Na schön. Sobald ich mich hier loseisen kann, komme ich zu euch rüber«, sagt er und unterbricht die Verbindung.

Kapitel 14

Das Haus liegt seinem direkt gegenüber, nur durch die Straße getrennt. Oft hat Olli am Wohnzimmerfenster gestanden, dicht an die Vorhänge gedrückt, um von außen nicht gesehen zu werden, und beobachtet, wie Erbse und ihre Familie ein und aus gegangen sind. Aber zum ersten Mal ist er es nun selbst, der das kleine Tor zum Vorgarten öffnet und zur Haustür geht. Bevor er auf den Klingelknopf drückt, muss er seine vor Aufregung feuchten Hände an der Hose abwischen. Er hat noch nicht den Zeigefinger von der Klingel gelöst, da öffnet Erbses Mutter bereits die Tür. »Hallo, Lolli«, begrüßt sie ihn, was dem Jungen einen Stich versetzt. Er hasst seinen Spitznamen, mit dem ihn die Brüder aufziehen. Und woher bitte schön kennt Erbses Mutter ihn?

Sie tritt zur Seite und macht eine einladende Geste. »Erbse ist leider krank, aber für ein paar Minuten kannst du zu ihr gehen, da freut sie sich bestimmt!«

Es ist also wahr, denkt Olli. Erbse kennt mich. Sogar Erbses Mutter kennt mich. Nur ich habe keine Ahnung, was hier los ist!

Unsicher folgt er der Frau ins Innere des Hauses. Sie bleibt an einer Treppe stehen und weist mit dem Kopf nach oben. »Erbse ist in ihrem Zimmer«, sagt sie, dann verschwindet sie hinter einer der Türen im Erdgeschoss.

Oben angekommen, muss sich Olli erst einmal orientieren. Zum Glück ist das Kinderzimmer deutlich an dem Schriftzug *E-R-B-S-E* zu erkennen, der in bunten

Holzbuchstaben an einer Tür prangt. Olli klopft an und öffnet. Das Zimmer sieht aus wie aus dem Fernsehen. Alles ist so ordentlich aufgeräumt wie die ausgestellten Räume in dem Einrichtungshaus, in das ihn seine Mutter mal mitgenommen hat, als sie für Olli einen neuen Schreibtisch besorgen wollte. Schließlich hat er doch nur den alten von Christof bekommen. Erbse ist nirgends zu sehen. Olli wagt kaum, auf den pinkfarbenen Teppichboden zu treten, auf dem sich Blumen und Schmetterlinge tummeln. Schließlich geht er in die Hocke und zieht seine Winterschuhe aus, die er neben der Tür stehen lässt. Das reißende Geräusch der Klettverschlüsse scheint Erbse aufgeweckt zu haben, denn plötzlich hört Olli ihre verschlafene Stimme.

»Was machst du denn da?«

Es klingt nicht ärgerlich, sondern einfach nur neugierig, wie Olli erleichtert feststellt. Er richtet sich auf und schaut sich um. Noch immer hat er das Mädchen nicht entdeckt, bis er schließlich den Kopf hebt und ihr Gesicht über dem Geländer des Hochbettes erblickt.

»Oh, hallo«, sagt Olli verlegen.

»Hallo«, sagt auch Erbse. Sie strampelt die Bettdecke zur Seite und klettert die Leiter des Hochbetts hinab. Dann steht sie dem Jungen gegenüber, die Haare vom Schlaf verwuschelt, das orangefarbene Nachthemd zerknittert.

»Deine Mutter hat gesagt, es geht dir nicht so gut«,

sagt Olli, um die Stille zu vertreiben, die sich im Zimmer breitgemacht hat.

»Ja. Nein. Ich weiß auch nicht so genau.« Erbse streicht sich die offenen Haare hinter die Ohren.

Olli fällt auf, dass er sie zum ersten Mal ohne ihre geflochtenen Zöpfe sieht. Sie kommt ihm blass vor, und auch das Strahlen auf ihrem Gesicht fehlt. Ihren Blick kann Olli nicht deuten. Es wirkt wie eine Mischung aus Verwunderung, Ablehnung und Neugierde, mit der sie ihn mustert. Olli scheint es, als schrumpfe er unter ihren Augen zusammen. Peinlich berührt senkt er den Blick auf den bunten Teppichboden.

»Gestern beim Reiten ist mir was Komisches passiert«, sagt Erbse und zieht den Schreibtischstuhl zu sich heran, um sich zu setzen. »Es war so, als wäre ich plötzlich aufgewacht. Auf dem Pferd! Und ich hatte keine Ahnung, wie ich da hingekommen bin. Wie eine Schlafwandlerin oder so!«

Olli, der sich gerade vorsichtig auf einem Sitzsack niedergelassen hat, springt mit einem Ruck wieder auf die Füße. »Und du hast keine Erinnerung an die vergangenen drei Tage?«, ruft er aufgeregt aus.

Erbse nickt. »Das hat dir meine Mutter also schon erzählt? Das ist ja mal wieder typisch«, stellt sie fest. »Jedenfalls meint der Arzt, dass das mit dem Wachstum zu tun haben könnte, Hormone oder so …«

»Aber mir geht es genauso!«, fällt Olli ihr ins Wort.

Und da Erbse ihn nur fragend anblickt, wagt er, ihr seine Geschichte anzuvertrauen. »Heute Morgen bin ich aufgewacht und war mir sicher, dass Samstag ist. Weil gestern doch Freitag war!« Die beiden mustern einander, neugierig, abschätzend.

»Keine Erinnerung, was seit Freitag passiert ist?«, wispert Erbse schließlich tonlos.

Olli schüttelt den Kopf.

»Und du verarschst mich auch nicht?«

Olli macht mit der rechten Hand das Zeichen aus Daumen, Zeige- und Mittelfinger zum Schwur. »Nichts. Nicht die kleinste Spur einer Erinnerung. Ehrenwort!«, sagt er feierlich und spürt eine Gänsehaut über seine Arme schauern.

Plötzlich wird Erbse ganz lebhaft. »Warte unten im Garten auf mich!«, ruft sie aus. »Ich muss mich nur schnell anziehen, dann komme ich runter!«

Wenig später sitzen die beiden Kinder in Erbses Baumhaus. Trotz der Kälte findet Olli das Häuschen sehr gemütlich. Die Holzwände sind gelb gestrichen, auf dem Boden liegt ein bunter Flickenteppich, und es gibt sogar eine kleine Sitzgruppe aus hölzernen Möbeln. Erbse hat die blau lackierten Fensterläden aufgestoßen. Nun pfeift zwar der kühle Wind durch das Häuschen, aber es fällt auch genug Licht herein, so dass Olli das Mädchen näher betrachten kann. In Erbses Gesicht ist die Farbe zurückgekehrt, sie strahlt vor Aufregung und Abenteuerlust. Jetzt sieht sie wieder so aus, wie er sie kennt. Die beiden gehen noch einmal alles durch, was sie über die vergangenen Tage in Erfahrung gebracht haben. Olli war bei Erbse zu Besuch, ihre Eltern hatten davon berichtet. Wenn sie von ihm redeten, nannten sie ihn bereits »dein Lolli« oder »dein neuer Freund«.

»Aber eigentlich heiße ich Olli«, protestiert der Junge. »Lolli ist nur so ein bescheuerter Spitzname, den mir meine Brüder verpasst haben!«

»Wieso denn bescheuert?«, fragt Erbse. »Ich finde den Namen süß. Er passt zu dir!«

Der Junge forscht in ihrem Gesicht nach einem versteckten Grinsen, einem Zucken im Mundwinkel. Aber da ist keins, ihr Lächeln wirkt warm und ehrlich. »Meinst du wirklich?«, fragt er sicherheitshalber noch mal nach.

»Klar!« Erbse strahlt ihn an. »Das klingt doch schön, und es ist was Besonderes. Und außerdem heißen wir so beide wie was zu essen, Lolli und Erbse!«

In Ollis Bauch tanzen hundert Schmetterlinge. Vielleicht hat sie recht, denkt er. Wenn Erbse »Lolli« sagt, dann hat das nichts Hämisches, dann klingt das einfach nur schön.

»Jetzt aber zurück zum Freitag!«, sagt das Mädchen streng. »Wir haben uns auf der Straße getroffen, als wir dieser Frau, Rita, und dem Mann geholfen haben. Wir haben beide das Obst und Gemüse angefasst, das auf der Straße lag«, rekonstruiert Erbse, »vielleicht war da ja irgendwas dran, Gift oder Drogen oder so?«

»Außerirdische!«, wirft Olli ein. »Vielleicht haben uns Außerirdische entführt!« Er hat so etwas schon einmal in einem Film gesehen. Dabei wurden den entführten Menschen Computerchips unter die Haut gepflanzt, um sie erforschen und kontrollieren zu können. Olli nimmt sich vor, seinen Körper auf etwaige Eingriffe hin zu untersuchen, sobald er zu Hause ist.

»Bleibt die Frage, ob die beiden was damit zu tun haben, oder ob es ihnen vielleicht genauso ergangen ist wie uns!«, fährt Erbse unbeirrt fort. »Wir sollten sie uns mal vorknöpfen!«

»Und wenn das gefährlich ist?« Olli ist sich nicht sicher, ob er noch weitere Abenteuer erleben will.

Doch Erbse lächelt nur milde. »Was soll uns denn noch passieren? Immerhin sind wir jetzt zu zweit!«

Bei diesen Worten wird es dem Jungen ganz warm. Keine Frage, denkt er, wenn Erbse es will, werde ich mit ihr zusammen überall hingehen. Plötzlich knackt es im Geäst des Baumes, und im nächsten Augenblick springt eine schneeweiße Katze zum Fenster der Hütte hinein. Sie schlendert auf die Kinder zu, lässt sich zwischen ihnen nieder und blickt aufmerksam von einem zum anderen. Dann öffnet die Katze ihr Maul und sagt: »Ihr seid nicht nur zu zweit, sondern zu viert! Wenn ihr den Hund dort unten und meine Wenigkeit mitzählt!«

15
Kapitel

Die Kinder sitzen wie erstarrt da und sehen die Katze in ihrer Mitte mit großen Augen an.

Jesus nimmt eine aufrechte Haltung ein und versucht zu lächeln, indem er die Mundwinkel des Katzenmauls hochzieht. »Keine Angst, Kinder«, sagt er und unterlegt seine Stimme dabei mit einem Schnurren. »Ich bin euer Freund!«

Erbse, die instinktiv von dem Tier abgerückt ist, wendet sich dem Jungen zu. »Lolli, was ist das?!«

Olli schafft es vor Schreck nicht einmal, die Schultern zu heben. Er fühlt sich wie gelähmt. Doch als er in Erbses vor Überraschung wieder blass gewordenes Gesicht blickt, durchzuckt ihn die Erkenntnis: Das hier ist die Gelegenheit, ihr zu beweisen, dass er kein Loser ist! Vorsichtig streckt er die Hand aus und berührt die Katze am Kopf.

Jesus kommt auf die Beine und reckt sich der ausgestreckten Hand des Jungen entgegen, reibt den Katzenkopf an der Handfläche und schiebt schließlich seinen Körper unter der Hand durch, damit auch der Rücken etwas von der Streicheleinheit abbekommen kann. Dabei lässt er ein tiefes Schnurren ertönen.

»Sie scheint echt zu sein«, sagt Olli leise und spürt dem Vibrieren des warmen Tierkörpers unter seiner Hand nach.

Die Katze reißt die Augen auf, die sie kurz zuvor genussvoll geschlossen hatte. »Natürlich bin ich echt!«, entgegnet sie und legt den Kopf schief, um die Kinder aus grünen Augenschlitzen zu mustern. »Was denkt ihr denn!«

Mit einem Mal packt Olli das Tier mit beiden Händen und dreht es schwungvoll auf den Rücken. Er streicht mit festen Bewegungen über Bauch, Brustkorb und Beine der Katze. Dann greift er ihr an den Hals und lässt seine Finger durch das dichte Haar streifen.

Instinktiv faucht Jesus ihn an. Er spürt den unwiderstehlichen Drang, dem Kind die Krallen in die Haut zu schlagen. Nur mit Mühe kann er sich zurückhalten und ruft stattdessen empört aus: »He, was soll das? Lass mich gefälligst los!«

Olli gibt das Tier frei, und Jesus rettet sich mit einem Sprung auf das Fensterbrett der Hütte. Von dort aus funkelt er die Kinder erbost an. Ein tiefes, kehliges Brummen entfährt ihm. Sein Fell ist gesträubt, die Ohren angelegt, der buschig aufgestellte Katzenschwanz schlägt nervös hin und her.

»Kein Sender, kein Mikro«, flüstert Olli Erbse zu, die das Schauspiel verwundert beobachtet hat. »Jedenfalls nichts, was ich entdecken konnte.« Olli streicht seine mit Katzenhaaren bedeckten Hände an der Hose ab. Einen Moment lang hatte er gedacht – oder in diesem Falle sogar einmal gehofft –, dass es sich um einen der Scherze seiner Brüder handeln müsse. Wobei die normalerweise nicht so einfallsreich sind, ihm sprechende Tiere vorzusetzen …

Jesus, der sprungbereit auf der Fensterbank hockt, beobachtet die beiden verständnislos. Es überrascht ihn, dass sie mit seiner Erscheinung solche Schwierigkeiten haben. Früher war es leichter, die Leute an Wunder glauben zu lassen, denkt er. Diese Kinder hingegen scheinen misstrauischer zu sein, als er es erwartet hatte. Jetzt stehen sie beide wie versteinert in der Mitte der Hütte, mit hängenden Armen und ratlosen Gesichtern.

Olli ist der Erste, der seine Sprache wiederfindet. »Hast du eben was gesagt?«, fragt er die Katze leise, fast im Flüsterton.

Mit einem leichtfüßigen Sprung landet Jesus wieder zwischen den Kindern. »In der Tat«, sagt er und setzt sich. »Und auch wenn ich verstehe, dass ihr darüber aufgebracht seid, so möchte ich euch doch bitten, mir einen Augenblick zuzuhören.«

Während die Katze gesprochen hat, hat Erbse ihren Blick auf die Schnauze des Tieres geheftet. Seltsam sieht das aus, wie die Katze ihr Maul verzieht, die raue Zunge zwischen den Fangzähnen zum Artikulieren einsetzt, wo sonst nur ein simples »Miau« gebildet wird. Erbse fällt auf, dass die S-Laute der Katze nicht so leicht über die Lippen gehen, bei diesen Tönen lispelt das Tier ein wenig.

»Sie ist tatsächlich echt«, sagt das Mädchen schließlich und lässt sich auf einen der kleinen Hocker sinken. »Sie hat wirklich gesprochen, ich habe es genau beobachtet!« Erbse spürt eine Gänsehaut über die Arme kriechen. Vor Schreck, aber auch vor Aufregung. Hier bahnt sich ein unglaubliches Abenteuer an, das ist gewiss! Sie räuspert sich. »Wie heißt du denn?«, fragt sie.

»Marrrlene«, schnurrt das Tier.

»Ich heiße Erbse, und das da ist Lolli«, sagt das Mädchen eifrig.

Jesus nickt den beiden freundlich zu. Allmählich scheinen sie zu begreifen, dass sie es hier mit einem waschechten Wunder zu tun haben. Er spürt, wie sich sein Katzenkörper entspannt und ihn eine warme, müde Zufriedenheit überkommt. Er muss dem Drang widerstehen, sich auf der Stelle langzumachen und einzuschlafen, auch wenn der Körper sehnlichst danach verlangt. Immerzu diese Müdigkeit, den ganzen Tag schon! In seiner ersten Nacht als Katze hingegen hatte er sich munter und unruhig gefühlt und kaum ein Auge zugetan. Nun ist er den Kindern jedoch ein paar Erklärungen schuldig, davor wird es nichts mit dem Nickerchen. Während Jesus noch darüber nachsinnt, wie er das Gespräch am besten anfangen soll, ist von draußen ein Winseln zu vernehmen.

»Der Hund!«, ruft Olli aus. »Du hast doch etwas von einem Hund erzählt!«

Im nächsten Moment quetschen sich die beiden Kinder durch die Tür und springen nacheinander von der Plattform herunter, die dem Baumhaus als Boden dient. Am Fuße des Baumstamms sitzt ein mittelgroßer, schwarzer Mischlingshund, der sie aus dunklen Augen anblickt.

»Entschuldigung, ich wollte nicht bellen, das wäre vielleicht nicht angebracht gewesen«, sagt er mit rauer Stimme, wobei er die Lefzen hochzieht, um nicht versehentlich darauf zu beißen. »Frido ist mein Name. Ich … arbeite mit Marlene zusammen!«

Das ist zu viel für Olli. Der Junge taumelt rückwärts, ihm dreht sich alles vor Augen. Jetzt bloß nicht ohnmächtig werden!, befiehlt er sich in Gedanken selbst. Das wäre superpeinlich! Mit dem Rücken gegen den Baumstamm gelehnt, konzentriert er sich darauf, tief ein- und auszuatmen.

Erbse hingegen scheint von der neuen Überraschung eher belebt als erschreckt zu sein. »Hallo, Frido«, sagt sie erstaunlich gelassen.

Im nächsten Moment landet Marlene vor den Füßen des Hundes. »Da ihr euch nun schon bekannt gemacht habt, schlage ich vor, dass wir zur Sache kommen.» Die Katze schaut sich um. »Können wir hier ungestört reden?«

»Meine Mutter kann jeden Moment zum Fenster herausschauen«, gibt Erbse zu bedenken. »Das macht sie alle paar Minuten, wenn ich im Garten bin. Also, vielleicht sollten wir lieber – Gassi gehen?« Sie schaut den Hund an, der sofort erwartungsvoll aufspringt. »Wartet einen Moment, ich bin gleich wieder da!«, ruft

Erbse noch, während sie bereits auf das Haus zu läuft. Das Mädchen benötigt einige Minuten, um die Mutter davon zu überzeugen, dass sie durchaus gesund genug für einen Spaziergang mit Olli-Lolli und dessen Hund ist. Dann steht sie wieder vor der kleinen Gruppe im Garten. In der einen Hand trägt sie eine Sporttasche, in der anderen einen langen Stoffgürtel. »So, da hätten wir also eine Leine für dich«, sagt sie zu Frido und knotet ihm vorsichtig den Gürtel an das Halsband. »Sag Bescheid, falls es zu eng sein sollte. Aber ohne Leine kriegen wir Ärger. Und für dich, Marlene«, fährt sie fort, während sie die Sporttasche öffnet, »habe ich ein tragbares, kuscheliges Bettchen mitgebracht.«

Bereitwillig lässt sich Jesus in die Tasche heben, die Erbse innen mit zwei Kissen ausgepolstert hat. Olli und Erbse nehmen die Tasche in ihre Mitte und gehen los. »He, aufpassen, sonst werde ich seekrank!«, muss Jesus die beiden ermahnen, bis sie nach ein paar Metern einen gleichmäßigeren Gehrhythmus finden, der die Tasche in harmonische Wiegebewegungen versetzt.

Sofort beginnt Jesus, auf seinen Kissen zu schnurren. Er hakelt genüsslich die Krallen in den Stoff.

Gott läuft so nah neben Erbse her, dass die Leine, die sie in der Hand hält, schlaff über den Boden schleift. Wie sich ein Halsband anfühlt, wenn es ihm auf die Kehle drückt, ist ihm vom Vorabend unangenehm in Erinnerung geblieben. So schlendern sie durch den nahe gelegenen Park, wieder und wieder dieselben gefrorenen Wege entlang, und reden über die Mission.

Nach etwa einer Stunde bleiben die Kinder plötzlich stehen und sehen einander an.

Erbse nickt kaum merklich.

»Okay, wir sind dabei«, sagt Olli feierlich und streichelt dem Hund, der ebenfalls stehen geblieben ist, über den Kopf.

»Eins noch«, sagt Jesus aus seinem Bettchen heraus, in dem er sich zusammengerollt hat. »Ihr müsst uns für ein paar Tage bei euch aufnehmen. Wird das möglich sein?« Das würde die Zusammentreffen vereinfachen, ohne dass Fridos Herrchen und Marlenes Frauchen ihnen in die Quere kommen können.

»Was meinst du?«, fragt Erbse.

Olli zuckt mit den Schultern. »Bei mir ist es schwierig, mit meinen Brüdern«, sagt er zaghaft. »Aber vielleicht im Baumhaus?«

»Und gebt uns bitte was Anständiges zu fressen«, meldet sich der Hund zu Wort. »Von Trockenfutter muss ich nämlich husten.« Er legt den Kopf schief und blickt die beiden Kinder mit einem unwiderstehlichen Hundeblick an. »Wenn ihr aber zum Beispiel ein paar Pfannkuchen für uns übrig hättet?«

Kapitel 16

Zwanzig Minuten später sitzen die Kinder nebeneinander auf dem roten Sofa im Wohnzimmer von Erwin und Rita. Zu Erbses Füßen steht die Sporttasche, in der Jesus schläft. Gott liegt an Ollis Seite auf dem Teppich und döst ebenfalls vor sich hin. Der Duft der heißen Schokolade, die Rita in der Küche zubereitet, zieht verführerisch ins Wohnzimmer und lässt Ollis Magen vorfreudig grummeln.

Erwin, den Kindern gegenüber im Sessel sitzend, scheint ebenso wie Rita kein bisschen überrascht über den Besuch zu sein. »Schön, dass du deinen Hund mitgebracht hast«, sagt er zu Olli und beugt sich vor, um Gott hinter den Ohren zu kraulen. »Der kann uns auf unserer Runde begleiten!«

Die Aussicht, gleich wieder zu einem weiteren Spaziergang aufbrechen zu müssen, gefällt dem Jungen gar nicht. Wo seine Füße noch von dem langen Marsch mit Erbse, Frido und Marlene durchgefroren sind! Aber er versucht, sich nichts anmerken zu lassen und ringt sich ein Lächeln ab. Es ist alles genau so, wie die Katze es vorausgesagt hat. »Eure erste Aufgabe«, hatte sie verschwörerisch geraunt, »besteht darin, Erwin und Rita zu besuchen. Lolli, du bist mit Erwin verabredet. Du wirst dich nicht daran erinnern, aber ihr habt euch gestern kennengelernt. Heute wollt ihr spazieren gehen, er erwartet dich. Frido wird euch begleiten. Nicht wahr, Frido?«

Der Hund hatte genickt.

»Und du, Erbse«, war die Katze fortgefahren, »kannst dich in der Zwischenzeit mit Rita befassen. Auch ihr beide kennt euch bereits.«

»Und was tust du?«, hatte Erbse die Katze gefragt.

»Ich bleibe bei dir. Vier Ohren hören mehr als zwei!«

»Aber – was genau sollen die vier Ohren denn hören?«, hatte Olli-Lolli zu fragen gewagt, dem der Gedanke, mit dem wildfremden Nachbarn loszuspazieren, reichlich unangenehm erschien.

Hier hatte der Hund die beiden Kinder ernst und – wie es ihnen schien – sorgenvoll betrachtet, bevor er verkündet hatte: »Habt ihr vorhin etwa nicht aufgepasst, als wir es euch erklärt haben? Das hier ist wichtig!« Er hatte tief geseufzt, was irgendwie niedlich aussah. »Also noch einmal: Unsere Aufgabe ist es, herauszufinden, warum die Beziehung von Erwin und Rita nicht funktioniert, und was wir daran ändern können. Unser Ziel ist es, dass die beiden sich wieder lieben, und dass sie zusammen glücklich sind!«

»Das ist die ganze Mission?« Erbse hatte enttäuscht geklungen. Sie hatte offensichtlich etwas Aufregenderes erwartet.

»Das ist die ganze Mission«, bestätigte die Katze.

Und der Hund nickte so kräftig, dass seine Ohren schlackerten. »Unterschätzt nicht die Wichtigkeit dieser Aufgabe!«, fügte er in rauem Ton hinzu. »Von ihrem Gelingen hängt die Zukunft der Menschheit ab!«

»So«, sagt jetzt Rita, die gekonnt ein Tablett mit vier Tassen ins Zimmer trägt, ohne dass die Sahnehäubchen auf dem Kakao zu Schaden kommen, »da habt ihr was, um euch aufzuwärmen!« Sie stellt jedem eine Tasse hin, und in die Mitte des Tisches platziert sie eine kleine Schale mit Lebkuchen. »Das sind die Reste«, sagt sie entschuldigend. »Wenn ich gewusst hätte, dass wir Besuch bekommen, hätte ich mehr besorgt!«

»Kein Problem«, sagt Olli, der gleich zwei der schokoladenüberzogenen Taler auf einmal nimmt und sie neben seine Tasse legt. Genießerisch saugt er den Geruch der heißen Schokolade durch die Nase ein, dann tunkt er einen Lebkuchen in den Sahnehügel und leckt die süße Creme vom Gebäck ab. Der Hund an seiner Seite hat sich aufgesetzt. Die Augen des Tieres fixieren den Lebkuchen. Unauffällig lässt Olli die Hand unter den Tisch sinken und hält sie dem Hund vor die Schnauze. Ein Happs, und der Lebkuchen ist weg.

»Danke«, sagt Gott.

»Hast du was gesagt?« Erwin sieht Olli erwartungsvoll an.

Der Junge merkt, wie ihm vor Verlegenheit das Blut in die Ohren steigt. »Äh, ja – ich habe Danke gesagt. Danke für die leckeren Lebkuchen, und danke für den Kakao. Der schmeckt super!« Olli nimmt einen großen Schluck. Ein Glück, denkt er, sie haben nichts bemerkt. Aber auf die Idee, dass der Hund gesprochen haben könnte, würden die beiden sowieso niemals kommen. Das ist einfach zu verrückt.

Sie seien ganz normale Tiere gewesen, hatte die Katze erklärt, bis sie eines Tages einer Maus begegnet sind, die über magische Kräfte verfügt. Diese Maus habe sie verzaubert. Sie würden sich nach und nach in Menschen verwandeln! Die Sprache sei nur der Anfang, aber bald würde ihnen das Fell ausgehen, ihre Statur würde sich verändern, und sie seien gezwungen, gegen ihre Natur ein Leben als Mensch unter Menschen zu führen – was sie, bei allem Respekt, auf gar keinen Fall wollten. Der einzige Ausweg, der ihnen bliebe, sei, eine Aufgabe zu erfüllen, die die magische Maus ihnen gestellt habe: Sie müssen dafür sorgen, dass das Menschenpaar Erwin und Rita seine Liebe zueinander neu entdeckt. Und zur Erfüllung dieser Mission seien sie auf die Hilfe der Kinder angewiesen!

Auf Ollis Frage hin, warum gerade sie beide ausgewählt worden seien, gaben sich die Tiere wortkarg. Das sei jetzt eben so, und das stünde bereits seit Tagen fest.

»Seit Freitag, nehme ich an«, warf Erbse ein, die plötzlich überzeugt war, dass ihr seltsames Blackout der letzten Tage nur mit dieser geheimnisvollen Mission zusammenhängen konnte.

Die Tiere bestätigten dies. »Tut uns leid, wenn wir euch Umstände gemacht haben«, sagte der Hund.

»Ach, das ist schon okay«, erwiderte Erbse, »stimmt's, Lolli?«

Der Junge nickte. Zwar war das alles ganz schön verwirrend gewesen, aber immerhin hatte er auf diesem Weg Erbse kennengelernt, also wollte er sich nicht beschweren.

»Aber eine Sache verstehe ich immer noch nicht«, hatte Erbse angefügt. »Was will diese … diese Super-Maus ausgerechnet von Rita und Erwin?«

Der Hund und die Katze hatten sich einen überraschten Blick zugeworfen. Sie wirkten für einen Augenblick ratlos. Schließlich ergriff die Katze wieder das Wort. »Das … das liegt daran, dass sie bei den beiden hinter der Fußleiste wohnt«, antwortete das Tier schnell. »Und wenn sie wieder verliebt sind, haben sie nur Augen füreinander und lassen die Maus in Ruhe. So einfach ist das!«

Die Tasse noch immer am Mund, schaut Olli gedankenverloren auf ein Stück rot lackierter Fußleiste, das an der dem Sofa gegenüberliegenden Wand zwischen Schrank und Bücherregal hervorblitzt. Hammerkrass, denkt Olli. Erst Tiere, die sprechen können, und dann noch Tiere, die zaubern können! Er hat immer geahnt, dass die Welt mehr bereithält als das, was wissenschaftlich erwiesen ist. Aber seine Brüder und die Lehrer in der Schule haben ihn dafür als Träumer oder wahlweise als Spinner bezeichnet. Ob er Chris und Flo mal den sprechenden Hund vorführen sollte? Dann würden die schon sehen, wer hier spinnt!

»Was hat denn deine Lehrerin zu dem Aufsatz gesagt?«, wendet sich Rita nun Erbse zu.

»Aufsatz?« Erbse blickt den Hund an.

Gott, der neben Olli sitzt und seinen Kopf auf dessen Schoß gebettet hat, zwinkert ihr zu.

»Ach ja, der Aufsatz!«, beeilt sich das Mädchen zu sagen. »Den habe ich ihr doch noch nicht zeigen können, weil wir heute schulfrei hatten.«

»Stimmt ja«, sagt Rita und lächelt über ihre eigene Vergesslichkeit. »Der Römerfund! Das stand sogar in der Zeitung. Unglaublich, dass man diese Münzen nicht schon beim Bau der Schule entdeckt hat, oder?«

»Tja«, sagt Erbse und leckt vorsichtig den Sahnerand von der Kakaotasse, »es passieren eben manchmal sehr merkwürdige Dinge. Nicht wahr, Lolli?« Dabei stößt sie leicht den Ellenbogen in Ollis Seite.

»Hm«, entgegnet der Junge. Die Stelle, an der Erbse ihn berührt hat, prickelt wohlig-warm. Wenn man ihm vor einer Woche vorausgesagt hätte, dass er heute neben Erbse hier auf dem Sofa sitzen würde, hätte er das niemals geglaubt. Ganz abgesehen von den anderen verrückten Sachen, die ihm widerfahren sind. Vielleicht, denkt Olli, wird ab jetzt mein ganzes Leben anders werden. Wenn Erbse meine Freundin sein kann, dann ist doch alles möglich! Und er beschließt, sich das nächste Mal, wenn seine Brüder auf ihm herumhacken, genau an diesen Moment zu erinnern. Dann wird er sich bestimmt nicht mehr von ihnen unterkriegen lassen!

Erwin reibt sich die Hände. »Also, ihr beiden, wie schaut's aus?«, fragt er die Kinder. »Sollen wir aufbrechen?«

Bei diesen Worten hebt der Hund den Kopf von Ollis Schoß und spitzt die Ohren.

»Jaaa«, sagt Erwin und tätschelt dem Tier die Flanken. »Du freust dich auch schon!«

Ollis Herz schlägt vor Aufregung bis zum Hals. Er will nicht alleine mit Erwin spazieren gehen. Worüber soll er mit diesem Mann reden? Er wirft Erbse einen hilfesuchenden Blick zu, den sie mit einem aufmunternden Lächeln pariert.

Dann wendet sie sich Erwin zu. »Ich kann leider nicht mitkommen. Ich habe mir gestern beim Reiten den Fuß verknackst. Aber wenn ich darf, bleibe ich noch ein bisschen hier.« Ein fragender Blick zu Rita, die eifrig nickt.

»Natürlich kannst du bleiben«, sagt sie erfreut. »Sollen die Männer doch losziehen, wir beide machen es uns gemütlich!«

Kaum haben Erwin, Olli und der Hund das Wohnzimmer verlassen, da sind Erbse und Rita schon ins Gespräch vertieft. Während Olli sich im Flur Jacke und Schuhe anzieht, schnappt er ein paar Satzfetzen auf. Die beiden plaudern erst übers Reiten, dann über die bevorstehenden Weihnachtsferien und übers Plätzchenbacken. Wie machen die das bloß?, fragt sich der Junge. Ohne Probleme wechseln sie von einem Thema zum anderen – und ihm fällt selbst beim angestrengtesten Nachdenken nicht eine einzige Sache ein, über die er mit Erwin sprechen könnte. Mutlos lässt er die Hand sinken, mit der er gerade die Klettverschlüsse seiner Schuhe schließen wollte.

Der Hund, der mit Erwin an der geöffneten Wohnungstür bereitsteht, beobachtet Olli aufmerksam. Mit einem Satz springt er ihm zur Seite. »Keine Sorge, du schaffst das!«, flüstert Gott dem Jungen zu und schleckt ihm aufmunternd durchs Gesicht.

Von frischem Mut erfüllt, richtet Olli sich auf. »Ich komm ja schon!«, sagt er und lächelt.

17 Kapitel

»Ich habe noch nie Lebkuchen gebacken«, sagt Erbse, während sie versucht, hinter ihrem Rücken die Bänder der buntgeblümten Schürze zu binden, die Rita ihr gegeben hat.

»Ich ehrlich gesagt auch nicht«, gesteht Rita. »Aber irgendwann ist ja immer das erste Mal.« Das Backbuch, das aufgeschlagen auf dem Küchentisch liegt, hat früher Ritas Mutter gehört. »Butter, Zucker, Eier, Honig«, murmelt die Wirtin, während sie noch einmal die Liste der Zutaten durchgeht. »Das Einzige, was uns fehlt, ist der gemahlene Anis.« Erbse zuckt mit den Schultern. »Probieren wir's ohne!«, sagt Rita bestimmt und stellt alle Zutaten und Geräte auf dem Küchentisch bereit. Sie rührt mit dem Quirl die Butter schaumig, und Erbse fügt nach und nach die abgemessenen Mengen an Zucker, Vanillin, Eiern und Honig hinzu. Als sie einen Teelöffel voll Zimt in die Rührschüssel streut, staubt etwas davon den beiden Bäckerinnen in die Nase.

»Hmmm, das riecht nach Weihnachten!« Erbse schließt genießerisch die Augen.

Mit rüttelnden Bewegungen lässt Rita Mehl durch ein Sieb auf die angerührte Masse rieseln. »Schön sieht das aus«, schwärmt Erbse. »Wie Schnee!« Sie wirft einen sehnsüchtigen Blick aus dem Fenster. Grau und trist liegt der Tag da, wie ein ausgetretener Teppich, den schon lange niemand mehr anschauen mag.

»Meinst du, dass es zu Weihnachten schneien wird?«, fragt Rita, die dem Blick des Kindes gefolgt ist.

»Für mich schon«, sagt Erbse und stupst mit dem Zeigefinger die kleinen Gebirgszüge aus gesiebtem Mehl in den Abgrund, die sich auf dem breiten Plastikrand der Rührschüssel aufgetürmt haben. »Meine Eltern fahren mit mir in die Berge, wie jedes Jahr. Da schneit es garantiert.«

Rita lässt einen anerkennenden Pfiff los. »Wow, das ist ja schick!«, sagt sie. »Wo fahrt ihr denn hin?«

»In so ein blödes Hotel, mit Galadiner am Heiligabend. Voll langweilig!« Erbse greift nach dem Messbecher mit Milch und kippt den Inhalt in die Schüssel. Grimmig rührt sie in der Masse. Ein weiterer Weihnachtsabend, zu dem sie ein neues Kleid anziehen muss, um dann brav mit ihren Eltern am Tisch zu sitzen. Ein weiterer Abend, an dem sie den endlosen Gesprächen der Erwachsenen lauschen und zwischendurch den langweiligen Vorstellungen irgendwelcher Entertainer zusehen muss. Ein weiterer Weihnachtsabend, an dem sie sich wünschen wird, lustig mit anderen Kindern zusammen unter einem Weihnachtsbaum zu sitzen, Schokolade zu naschen, so viel sie will, und Weihnachtslieder zu singen. »Weißt du, ich möchte eigentlich nur mal so ein richtiges Bullerbü-Weihnachten haben«, sagt sie leise und lässt vom Rühren ab. »Mit Großeltern und Kindern und allem Drum und

Dran. Mit selbstgebackenen Plätzchen! Wo man lacht und spielt. Wo es gemütlich ist. Wo … wo man abends noch im Schlafanzug dabeisitzen kann!«

Rita legt den Kopf schief. »Und was sagen deine Eltern dazu?«

Erbse stößt einen Zeigefinger in den Teig. »Zu klebrig«, sagt sie.

Rita greift nochmals zum Sieb.

Während Erbse dem Mehlgestöber zusieht, fährt sie mit leiser Stimme fort. »Meine Eltern wollen mir was bieten. Solche Weihnachten, wie sie sie selbst früher erlebt haben, finden sie langweilig. Altmodisch und so.«

»Und deine Großeltern?«

»Die Eltern von Papa verbringen den Winter immer auf Teneriffa, und Oma Toni feiert im Altenheim. Der Opa ist schon gestorben, bevor ich auf die Welt gekommen bin.«

»Aber das Skifahren«, sagt Rita, auf der Suche nach einem Thema, mit dem sie das Mädchen wieder aufmuntern kann, »das macht dir doch sicher Spaß, oder?«

Erbse blickt auf und lächelt. »Und wie!«, sagt sie stolz. »Ich bin schon besser als Papa!«

Rita hebt den durchgekneteten Teigbatzen aus der Schüssel und legt ihn auf die Tischplatte. »Hier, magst du?«, fragt sie und hält dem Mädchen das Nudelholz hin.

Umständlich fuhrwerkt Erbse mit der Holzrolle auf dem Teig herum.

»Das ist richtig schön, mit dir zusammen zu backen«, sagt Rita plötzlich. »So was habe ich schon ewig nicht mehr gemacht!«

»Und mit dem Erwin?«, fragt Erbse und löst ein kleines Stück vom Teig ab, um es sich in den Mund zu schieben.

»Ach«, Rita winkt ab, »den Erwin brauche ich gar nicht danach zu fragen, das ist nicht sein Ding.«

Das Mädchen registriert einen traurigen Zug um Ritas Mundwinkel. »Und was ist dann sein Ding?«, fragt es vorsichtig.

»Wenn ich das wüsste«, sagt Rita seufzend. »Der Erwin ist ein ganz Lieber, aber er ist so verschlossen! Ich habe keine Ahnung, was wirklich in ihm vorgeht!« Erbse, die noch immer mit den Unebenheiten im Teigfladen kämpft, reicht Rita das Nudelholz. Kraftvoll rollt die Wirtin drauflos. »Weißt du, ich fühle mich oft ganz schön alleingelassen vom Erwin. Klar, wenn ich ihn bitte, dass er mir mal beim Einkaufen hilft oder so, dann macht er das. Aber dass er mal von selbst draufkommen würde? Nie im Leben!«, schnauft sie. »Das war mit dem Reiner, meinem ersten Mann, anders. Wir waren ein richtiges Team, verstehst du? Da hat das mit der Arbeit gleich viel besser geklappt.« Unter Ritas energischen Bewegungen mit der Rolle wird der Teig flacher und flacher, breitet sich zu allen Seiten hin auf der Tischplatte aus. »Ich putze, wasche, kaufe ein«, schimpft Rita. »Ich stehe mir in der Kneipe die Füße platt für die paar Euro, die ich nach so 'nem Tag in der Kasse habe. Und Erwin – der tut so, als ginge ihn das alles nichts an!« Abrupt hält sie inne und streicht sich mit der mehlbestäubten Hand eine Haarsträhne aus der Stirn. Das Mehl hinterlässt eine feine Spur auf ihrer Haut. »Ach herrje«, sagt Rita und blickt Erbse zerknirscht an, »jetzt habe ich es schon wieder getan. Du sollst mich doch stoppen, wenn ich dich mit meinem privaten Mist langweile!«

»Das ist schon okay«, winkt Erbse ab. »Aber was mir Sorgen bereitet, ist das da!« Sie zeigt auf den Teig, der dünn wie Zeitungspapier auf der Tischplatte pappt. »Stand in dem Rezept nicht, dass der Teig einen halben Zentimeter dick sein soll, damit man die Plätzchen ausstechen kann?« Sie grinst, und Rita lächelt zurück. Gemeinsam falten sie den Teig wie ein Stück Stoff zusammen, bis er die gewünschte Dicke erreicht.

Während sie die Ausstechförmchen in den Teig drücken, fragt Rita beiläufig: »Was macht eigentlich dein Fuß?«

»Mein Fuß?« Erbse schaut überrascht von ihrer Arbeit auf. »Den du dir verknackst hast«, erinnert Rita sie, »beim Reiten!«

»Oh«, sagt Erbse und spürt, dass sie rot wird, was

ihr selten passiert. »Das habe ich doch bloß erfunden. Ich hatte einfach mehr Lust, bei dir zu bleiben, als bei diesem Wetter raus zu gehen.«

»Na, da fühle ich mich aber geehrt!« Rita schmunzelt. »Aber wenn du mich das nächste Mal besuchen möchtest, brauchst du dafür keine Geschichten zu erfinden. Komm einfach vorbei, ich freu mich!«

Zur selben Zeit, an einem anderen Ort:
Dass Erwin ein geübter Spaziergänger ist, merkt man gleich. Obwohl Olli-Lolli sich bemüht, ist der Mann ihm immer ein paar Schritte voraus. Gott, der das Ganze aus der Hundeperspektive beobachtet, erinnert sich an seine eigenen Streifzüge, als Er in Erwins Körper steckte. So ist auch Er damals, vor einem Erdenjahr, durch die Straßen gezogen. Doch statt auf zwei menschlichen Beinen ist Er nun auf vier Pfoten unterwegs, ausgestattet mit einer hochempfindlichen Nase, der keiner der vielen Gerüche entgeht, die sich auf der Straße, im Park und auch sonst überall um ihn herum entdecken lassen. Es stinkt zum Himmel, findet Gott, und die sensiblen Hundeohren dröhnen ihm von dem

Krach, der überall herrscht. Motorenlärm, schrille Stimmen, das Quietschen der Straßenbahn, die vorüber fährt. Und schließlich – Weihnachtsmusik. Gott hebt den Kopf, hält die Schnauze in den Wind. Da wehen ihm altbekannte Düfte entgegen. Bratwurstgeruch. Glühweinaroma. Der Duft von gebrannten Mandeln und Fettgebackenem. Er braucht Fridos kurzsichtige Augen nicht weiter anzustrengen, um zu wissen, dass sie sich einem Weihnachtsmarkt nähern. Die Beine und Schuhe um ihn herum werden zahlreicher, die Menschen in seinem Blickfeld gedrängter.

»Komm«, sagt Erwin zu Olli-Lolli, »machen wir eine Pause!« Er lotst den Jungen an einen Stehtisch vor einer Würstchenbude. »Was magst du, Bratwurst oder Currywurst?« Erwin, der sich bereits der Theke zugewandt hat, ruft seine Frage über die Schulter hinweg dem Jungen zu.

»Currywurst!«, ruft Gott laut zurück, der sich in einem Anflug von Nostalgie sehnsuchtsvoll an den Geschmack dieser Speise erinnert, die er als Erwin einmal hatte kosten dürfen.

Entsetzt blickt Olli-Lolli ihn an und presst seinen Zeigefinger an die Lippen.

»'tschuldigung«, murmelt Gott kleinlaut.

Aber Erwin scheint wieder nichts bemerkt zu haben. »Zweimal Curry und zwei große Apfelschorlen!«, bestellt er.

»Bratwurst wäre mir eigentlich lieber gewesen«, murmelt Olli-Lolli leise in Richtung Tischplatte.

Als Erwin kurz darauf ein Pappschälchen vor dem Jungen platziert, kann Gott nicht an sich halten. Der appetitliche Duft der Wurst ist überwältigend. Er springt auf die Hinterbeine, stützt sich mit einer Vorderpfote an Olli-Lollis Bauch ab, so dass der Junge rückwärts taumelt, und schleckt mit der Zunge einmal über das Essen. Ein Stückchen Wurst bekommt Er dabei zu fassen und verschlingt es mit einem Bissen.

»He!«, ruft Olli-Lolli empört aus. »Das ist meine Wurst!«

Erwin steht daneben und hält sich den Bauch vor Lachen. »Na«, bringt er schließlich hervor und wischt sich mit dem Handrücken ein Tränchen aus dem Augenwinkel, »der hat aber Hunger, dein Frido!« Dann schiebt er dem Jungen sein eigenes Schälchen zu, das er noch nicht angerührt hat. »Hier, nimm«, sagt er. »Ich habe eh keinen Hunger.«

»Danke«, sagt Olli. »Und was mache ich jetzt damit?« Er zeigt auf die angeschleckte Wurst.

»Na komm schon, lass ihn doch auch was abhaben!«, sagt Erwin. »Der weiß eben, was gut ist!«

Der Junge stellt Gott das Schälchen vor die Vorderpfoten, und der stürzt sich schwanzwedelnd auf die Mahlzeit. Lecker! Mit Fridos langer Zunge schleckt Gott noch die letzten Reste aus den Rillen, die die Seitenwände des Pappschälchens zieren. Danach leckt Er sich das Maul sauber.

»Weißt du«, sagt Erwin, der den Hund wohlwollend beobachtet hat, »ich würde das auch so machen, wenn ich ein Hund wäre. Mir einfach nehmen, was ich will.« Er prostet Olli-Lolli mit der Apfelschorle zu. »Eigentlich gar nicht schlecht, so ein Hundeleben. Fressen, Gassi gehen, schlafen.« Er streichelt Gott über den Kopf. »Aber andererseits«, fügt er nachdenklich hinzu, »würde es mir überhaupt nicht gefallen, an der Leine geführt zu werden. Ich brauche meine Freiheit! Deshalb ziehe ich so gerne durch die Gegend. Weißt du, wenn ich so laufe, stundenlang!, da gehen mir allerhand Gedanken durch den Kopf. Wenn ich aber zu Hause sitzen muss, dann fühle ich mich wie zugeschnürt.«

Olli nippt nachdenklich an seiner Schorle. »Ich kenne das«, sagt er nach einer kurzen Phase des einvernehmlichen Schweigens. »Ich gehe auch oft los. Einfach so, ohne Ziel. Aber der Grund, weshalb ich losgehe«, fügt der Junge zögerlich hinzu, »ist, dass es bei mir zu Hause oft ganz übel ist.«

Erwin blickt ihn mitfühlend an. »Warum denn?«, fragt er. »Sind deine Eltern nicht gut zu dir?«

Olli seufzt. »Meine Mama ist die netteste der Welt, aber die ist meistens arbeiten. Und meine Brüder machen mir die Hölle heiß!«

»Und dein Vater, was ist mit dem?«

»Der lebt nicht mehr bei uns«, sagt Olli-Lolli mit leiser Stimme, so dass Gott Fridos Ohren spitzen muss, um die Worte im Lärm der Umgebung zu verstehen. »Der ist abgehauen, als Mama mit mir schwanger war.« Er verstummt. Erwin und Olli blicken beide in ihre fast leeren Gläser. Schließlich hebt der Junge den Kopf. »Glaubst du«, fragt er den Mann, »dass ich schuld bin, dass er weggegangen ist?«

Erstaunt zieht Erwin die Augenbrauen in die Höhe. »Wie kommst du denn auf so was?«

Olli-Lolli räuspert sich. »Christof sagt das, und Florian auch«, presst er hervor. »Weil drei Söhne einfach zu viel sind. Deshalb ist er weg, sagen sie.« Eine Träne kullert über Ollis runde Wange, bevor sie auf die Tischplatte platscht.

Erwin sieht bestürzt aus. Vorsichtig legt er dem Jungen eine Hand auf die Schulter. »So ein Blödsinn!«, sagt er. »Du warst doch noch nicht mal auf der Welt, wie sollst du da an irgendwas schuld sein!« Umständlich nestelt er an seiner Jackentasche herum. »Lass dir bloß nicht so einen Quatsch einreden«, sagt er, während er dem Jungen ein Stofftaschentuch reicht. »Und was ist das überhaupt für ein Vater? Der sollte doch stolz sein, dass er einen so tollen Jungen hat!«

Olli-Lolli hält mitten im Naseputzen inne. »Findest du?«, nuschelt er.

»Aber sicher!«, sagt Erwin bestimmt. »Sieh doch nur mal, wie gut wir uns hier unterhalten! Da muss man erst mal ein Kind finden, mit dem das so super klappt!«

»Danke«, sagt Olli-Lolli leise. Und Gott stellt fest, dass der Junge etwas glücklicher aussieht als zuvor.

18 Kapitel

So«, sagt Gott am nächsten Morgen zu seinem Sohn, als dieser zum Fenster des Baumhauses herein springt, »und jetzt erklär mir bitte schön mal, was das mit dieser Zaubermaus für eine Geschichte sein sollte!«

»Wie wär's denn erst mal mit ›Guten Morgen‹, Papa?« Jesus lässt sich auf dem kleinen Holztisch nieder, der in der Mitte des Häuschens steht.

Schwerfällig rappelt sich Gott von der Wolldecke empor, die ihm in der vergangenen Nacht als Schlafstätte gedient hat. Er tapst auf den Tisch zu, legt Fridos Kopf darauf ab und brummelt: »Guten Morgen. Und jetzt erzähl schon!«

»Na ja«, beginnt Jesus, »ich musste mir doch was einfallen lassen. Etwas, was Kinder glauben!«

Gott schnaubt, so dass sich Fridos Lefzen aufblähen. »Eine Maus, die zaubern kann«, knurrt Er. »Verrückter ging's wohl nicht!«

»Nicht viel verrückter als ein Hund und eine Katze, die sprechen können«, kontert Jesus. Er macht eine Pause und leckt mit der rauen Katzenzunge über Marlenes Fell. »Weißt du«, fährt er fort, »als ich Erbse war, habe ich in einem Buch gelesen, das neben ihrem Bett lag. Darin wimmelte es bloß von solchen Geschichten! Da wurde verzaubert und verwunschen, und Tiere konnten sprechen und mussten erlöst werden und so. Und immerhin«, hier verdreht Jesus den Kopf, um

Marlenes Rückenfell glattzuschlecken, »hat es doch geklappt, oder?« Die letzten Worte hat er in die dichten Haare genuschelt, so dass Gott es nur Fridos guten Ohren zu verdanken hat, dass Er den Satz noch verstehen konnte.

»Kannst du gefälligst mit dieser Putzerei aufhören, wenn du mit mir redest?«, blafft Er seinen Sohn an.

Jesus hält inne und wendet sich seinem Vater zu. Marlenes rosa Zungenspitze lugt noch zwischen den Fangzähnen hervor. »Entschuldige bitte, ich mache das nicht mit Absicht«, gibt er kleinlaut zu. »Da ist ein schier unwiderstehlicher Drang in mir, der mich zum Handeln antreibt!« Er hebt eine Vorderpfote zum Maul und leckt mit zügigen Bewegungen darüber, hält jedoch inne, als er Gottes Blick realisiert. »Sorry«, sagt er schnell und lässt die Pfote sinken.

»Instinkte!«, grummelt Gott. »Ich habe die Tiere mit Instinkten ausgestattet, damit sie sich nicht über jede Handlung den Kopf zerbrechen müssen. Läuft sozusagen alles über Autopilot!«

»Und die Menschen?«, fragt Jesus. »Haben die auch Instinkte?«

Gott kratzt sich mit der Hinterpfote an Fridos Ohr. »Bei den Menschen habe ich nur sehr sparsam damit gearbeitet«, sagt Er. »Ich wollte doch sehen, wie sie sich entwickeln, wenn sie auf sich gestellt sind. Und immerhin habe ich ihnen genug Grips mitgegeben, damit sie im Leben zurechtkommen sollten.« Er seufzt. »Aber so richtig scheint das trotzdem nicht zu klappen. Nimm dagegen zum Beispiel die Präriewühlmaus! Der habe ich ein monogames Paarverhalten mit auf den Weg gegeben. Die Tiere suchen sich einen Partner, und mit dem bleiben sie zusammen. Basta!« Gott kommt auf die Beine und beginnt, um den Tisch herum zu laufen.

Jesus, noch immer in der Mitte des Tisches thronend, verdreht Marlenes Kopf bei dem Versuch, seinem Vater hinterher zu blicken. Als ihm das zu mühsam wird, schließt er einfach die Augen.

»Die Präriewühlmäuse machen sich nicht ständig Gedanken darum, ob derjenige an ihrer Seite auch der Richtige ist oder ob vielleicht ein anderer sie glücklicher machen würde«, fährt Gott in seinem Monolog fort. »Überhaupt, diese ständige Suche nach dem Glück!« Er schüttelt sich, so dass Fridos Ohren schlackern. »Können die Menschen denn nicht einfach mal ZUFRIEDEN sein? Immer müssen sie alles, was sie haben, mit anderem vergleichen, abklopfen und auseinandernehmen. Bis sie schließlich irgendwas entdecken, was ihnen nicht gefällt. Und PENG! –«, hier reißt Jesus erschreckt die Augen auf und blickt seinen Vater an, während dieser fortfährt, »fühlen sie sich wieder mal um ihr Glück betrogen, und machen sich auf die Suche nach was Neuem, was Besserem. Das ist so – wie soll ich sagen?« Gott hält in seiner Runde um den Tisch inne und blickt Jesus ins Gesicht, »Anstrengend!«, beendet Er seinen Satz und lässt sich erschöpft vom vielen Sprechen auf Fridos Gesäß nieder.

Jesus nickt nachdenklich. »Wenn Erwin und Rita also Präriewühlmäuse wären«, sinniert er und legt Marlenes Kopf schief.

»Müssten wir beide heute nicht hier sein«, beendet Gott den Satz. »Aber wir haben es nun einmal mit Menschen zu tun. Also erzähl schon – was hast du denn noch über die beiden rausgekriegt?«

Am Vortag, als Rita und Erbse mit dem Backen beschäftigt waren, hatte Jesus in seiner Sporttasche eine Idee gehabt. Statt, wie vereinbart, mucksmäuschenstill zu warten, war er auf die Pfoten gesprungen und hatte angefangen, lauthals zu miauen. Schnell war das Mädchen bei ihm gewesen und hatte die Tasche geöffnet. Und so hatte auch Rita, die Erbse gefolgt war, ihn entdeckt.

»Sag ihr, ich bin dir zugelaufen«, hatte Jesus Erbse zugeflüstert, »und du brauchst jetzt einen Platz, wo du mich unterbringen kannst!«

Das Mädchen hatte gleich begriffen und Rita eine Geschichte aufgetischt. Dass ihre Eltern ihr nicht erlauben würden, ein Haustier zu haben, wo sie es sich doch so sehr wünsche. Und wo sie denn nun hin solle mit der Katze, damit das arme Tier nicht ins Tierheim müsse? Jesus hatte der Wirtin den niedlichsten Blick zugeworfen, den er zustande brachte, und schließlich willigte sie ein, die Katze vorübergehend zu beherbergen.

»Aber du findest in der Zwischenzeit heraus, wohin das Tier gehört, okay?«, hatte sie Erbse ermahnt. »Sie ist vielleicht irgendwo weggelaufen, und die Besitzer machen sich Sorgen!« Somit war es Jesus gelungen, sich als Spion bei Erwin und Rita einzunisten.

»Na?«, fragt Gott, der seinen Sohn auffordernd anblickt. »Jetzt schieß schon los!« – »Bisher habe ich noch nicht viel rausgekriegt«, gibt Jesus zu. »Heute früh haben sie ein bisschen geredet, aber eigentlich nur über das, was in der Zeitung stand, nichts, was mit ihnen selbst zu tun hatte.« Jesus räkelt und streckt sich ausgiebig, ehe er fortfährt. »Ach ja, sie haben auch über die Kinder gesprochen.« Gott spitzt die Ohren. »Und«, blafft Er ungeduldig, »was haben sie gesagt?!« Jesus gähnt mit weit aufgerissenem Katzenmaul. »Dass sie die beiden nett finden«, sagt er schließlich, »und dass es ihnen Spaß macht, mit den Kindern zusammen zu sein.«

»Apropos Kinder«, murmelt Gott, der eine wachsende innere Unruhe verspürt. »Es wird wirklich Zeit, dass die beiden mal hier auftauchen!« Er springt auf die Beine, läuft zur Tür und kratzt mit Fridos Vorderpfoten daran. »Ich muss hier raus!«, ruft Er Jesus zu, der das Ganze ziemlich befremdlich findet. »Rennen, verstehst du? Die ganze Nacht hindurch war ich eingepfercht, das halte ich nicht mehr lange aus!« Gott läuft noch ein paarmal aufgebracht zwischen Tisch und Tür hin und her, ehe Er sich wieder auf dem Boden niederlässt. »Wir sind doch für heute früh verabredet, oder?«, fragt Er winselnd. »Wo bleiben die denn nur?«

Jesus versetzt es einen Stich, seinen Vater so unglücklich zu sehen. Mit einem eleganten Sprung setzt er aufs Fensterbrett über. »Wenn's sehr dringend ist, kann ich Erbse ja Bescheid sagen!«, bietet er an. »Aber wenn du es noch ein bisschen aushalten könntest«, fährt er zögerlich fort, »würde ich gerne noch was mit dir besprechen!«

Gott blickt neugierig zu seinem Sohn auf. »Gestern Abend, als Erwin mit mir allein war, hat er im Wohnzimmer eine glänzende Scheibe aus einer Hülle gepackt und in einen Apparat geschoben.« Jesus springt vom Fensterbrett runter und geht auf seinen Vater zu, bis er vor ihm zu stehen kommt. »Und dann kam da Musik raus!«, sagt er eindringlich.

»Musik, ja!«, schwärmt Gott und denkt sehnsuchtsvoll an die Chorgesänge seiner Engel, deren Proben Er nun schon seit viel zu langer Zeit versäumt hat.

»Das war aber nicht nur Musik, da war Gesang dabei«, raunt Jesus und beginnt, um Fridos Beine herum zu streichen. »Und zwar richtige Worte. Stell dir vor, die Musik hatte eine Botschaft!«

»Und die wäre?«, fragt Gott, den die um ihn herum schleichende Katze ganz nervös macht.

»Alles, was du brauchst, ist Liebe!«, frohlockt Jesus. »Das war in einer anderen Sprache, aber ich habe es natürlich verstanden. ›*All you need is love*‹, haben sie gesungen, und Erwin hat sogar mit dem Kopf im Takt genickt.«

»Du meinst also, er sieht das genauso?«, fragt Gott.

»Ja, zum einen das«, Jesus hält in seinem Herumstreifen inne, um seinem Vater in die Hundeaugen zu blicken. »Aber es ist noch viel wichtiger, dass wir mit dieser Musik ein Medium haben, mit dem wir unsere Botschaft in die Welt schicken können!«

Gott legt Fridos Kopf schief. »Versteh ich nicht«, sagt Er.

»Musik!«, wispert Jesus eindringlich. »Musik erreicht die Herzen der Menschen! Mit Musik können wir ihnen alles sagen, was wir mitzuteilen haben. Wir müssen nur –« Er bricht ab, weil ganz in der Nähe Stimmen zu vernehmen sind. Mit einem Sprung ist Gott bei der Tür und schabt mit Fridos Krallen am Holz herum.

»Ist ja gut!«, hören sie von unten Erbses Stimme, »Wir kommen doch schon!« Zu zweit hieven die Kinder Gott aus dem Baumhaus heraus. Mit Leine und Sporttasche ausgerüstet, brechen sie wie am Vortag zu einem langen Spaziergang auf.

Später sitzen die vier im Baumhaus zusammen und beratschlagen, wie sie weiter vorgehen wollen. Schließlich schreibt Olli-Lolli in seiner ordentlichsten Schrift auf ein Blatt Papier:

Plan zur Rettung von Erwins und Ritas Liebe

1. Erwin soll Rita zuhören, sich mit ihr unterhalten und sie mehr unterstützen. Die beiden sollen sich austauschen darüber, wie es ihnen geht und was sie sich voneinander wünschen oder erwarten. Sie sollen im Kontakt bleiben.

2. Rita soll Erwin mehr Freiraum geben. Sie soll ihn nicht so bedrängen und ihm einfach mehr vertrauen.

»Das ist irgendwie wie bei meinen Eltern und mir«, wirft Erbse an dieser Stelle ein. »Die können es auch nicht lassen, mich zu kontrollieren. Dabei komme ich schon ganz prima allein zurecht!«

3. Gut wäre es, wenn die beiden an einer gemeinsamen Sache arbeiten und sich gegenseitig unterstützen könnten, als Team (so wie Rita und ihr erster Mann).

4. Sie sollen mehr das sehen, was sie aneinander mögen, als das, was sie aneinander nervt.

»Und wir helfen ihnen dabei!«, schließt Erbse feierlich, als der Junge mit dem Schreiben der Liste fertig ist.

»Aber was ist denn eigentlich mit den drei Wünschen?«, fragt Olli-Lolli und schaut die Tiere an.

»Drei Wünsche?«, fragt Gott verständnislos.

»In fast jedem Märchen gibt es drei gute Wünsche!«, insistiert der Junge. »Das muss die Supermaus doch wissen!«

Gott und Jesus blicken einander an.

»Wir können sie ja mal fragen«, schlägt Jesus vor. »Drei gute Wünsche für Erwin und Rita, das ist doch sicher nicht zu viel verlangt, oder?« Er zwinkert seinem Vater zu.

»Und was für Wünsche sollen das sein?«, fragt Gott in die Runde.

»Geld!«, antwortet Olli-Lolli wie aus der Pistole geschossen.

»Liebe«, wirft Jesus ein.

»Ewiges Leben?«, schlägt Gott vor.

»Glück«, sagt Erbse bestimmt.

»Lasst uns darüber noch mal in Ruhe nachdenken«, bittet Jesus. »Jetzt bin ich viel zu hungrig, um einen klaren Gedanken zu fassen!«

»Das hätte ich ja fast vergessen!« Erbse schlägt sich mit der flachen Hand an die Stirn und zieht aus ihrer Tasche ein silbern eingeschlagenes Päckchen hervor. »Hier«, sagt sie triumphierend, während sie die Alufolie abwickelt, »Pfannkuchen mit Marmelade, von gestern Abend!«

Kapitel 19

Der Heilige Geist reißt die Arme hoch. »Und noch einmal mit mehr Gefühl!«, donnert seine Stimme respekteinflößend durch den großen Sitzungssaal, wo sich der Chor der Engel formiert hat. Er gibt das Zeichen zum Einsatz. Sofort erheben sich die Stimmen und bilden einen Klangteppich, vor dem der Stakkatogesang des Solisten deutlich hervortritt. »Ich war einsam und wusste nicht, wohin mit mir«, singt er, während im Hintergrund das »Schallalla« einer kleinen Choreinheit einsetzt. »Doch dann kamst du-u-u«, säuseln vielstimmig die Engelszungen, »und hast mir den Weg gezeigt.« Der Heilige Geist winkt den Trommlern, die er extra von Karabibi hat einfliegen lassen, damit sie den Gesang mit einem tanzbaren Beat unterlegen. Die Trommeln schlagen einen kraftvollen Rhythmus, die Stimmen der singenden Engel sammeln sich zum harmonischen Miteinander, und ein kleiner Engel, der ganz vorne steht, flüstert eindringlich: »Zusammen – zusammen – ist besser als allein. Lasst uns – lasst uns – eine Gemeinschaft sein!«

»Perfekt!«, ruft der Heilige Geist enthusiastisch aus. »Das ist im Kasten!« Seit Jesus ihn angefunkt hat, arbeitet er mit Volldampf an den ersten Liedern.

»Musik ist ein großartiges Medium«, hatte Jesus geschwärmt. »Die Menschen hören sie ständig, überall! Und sie singen die Botschaften vor sich hin, wo immer sie sich gerade befinden.« Für dieses Phänomen haben die Erdlinge sogar einen Namen gefunden – »Ohrwurm« nennen sie die Lieder, die ihnen nicht mehr aus dem Kopf gehen. »Das ist unsere Chance, die Menschen zu erreichen!«, hatte Jesus gesagt. »Steck die Botschaften in griffige Songtexte, lass die Engel das Ganze einspielen – und wir packen die Menschheit bei den Ohren!«

Zunächst ist der Heilige Geist skeptisch gewesen. Schließlich hatte er schon etliche Versuche unternommen, die Erdbewohner zu bekehren. Immer erfolglos. Aber nachdem er seine Aufmerksamkeit der irdischen Popmusik zugewendet und die Entwicklung und Ausbreitung dieses Phänomens betrachtet hatte, wurde ihm klar, welches Potential darin steckt. Die bekanntesten Stücke werden tatsächlich weltweit gehört, fast jedes Kind kennt sie. Der Außenminister untersuchte in seiner neuen Rolle als Musikproduzent zunächst die erfolgreichsten Hits auf ihr Grundschema und machte sich dann daran, eigene Songs zu komponieren. Den irdischen Gewohnheiten gemäß produzierte er die Lieder zunächst in englischer Sprache, nahm aber auch jeweils eine Version in den neunundvierzig anderen verbreitetsten Erdsprachen auf. Die Engel, diese gesangsfreudige Gattung, sind voller Begeisterung bei der Sache. Sie lieben die Abwechslung, und somit ist es ihnen mehr als recht, dass sich ihr Repertoire an Liedern binnen kürzester Zeit verfünfzigfacht hat. Auch für das

Problem mit dem Seelenempfang hat der Heilige Geist eine Lösung gefunden, und er ist sehr stolz darauf. Statt wie zuvor alle Engel zugleich in das Büro zu schicken, entsendet er nun immer nur zwei auf einmal. Wenn ihre Konzentration nach kurzer Zeit nachlässt, werden sie ausgewechselt und nehmen wieder am Chor teil. Somit kommt bei den Engeln keine Langeweile auf, und die Arbeit im Büro wird von jeder Zweiergruppe jeweils mit frischer Energie erledigt. Der strebsame Metatron überwacht den Wechsel, damit sich die Engel auf dem Weg zwischen Empfangsbüro und Chorprobe nicht ablenken lassen oder auf den Gängen herumtoben.

Eine Reihe von Hits hat das fleißige Ensemble um den Heiligen Geist bereits eingesungen. »Schütze die Umwelt und achte deine Mitmenschen«, »Die Tiere, die Pflanzen und du (wir sind alle Bewohner dieser Erde)« sowie »Totmachen gilt nicht« zählen für den Heiligen Geist eindeutig zu den Favoriten. Das sind nicht nur Ohrwürmer, sondern echte Ohrschlangen, denkt er zufrieden. Er hatte noch einen richtigen Kracher geschrieben: »Alles, was wir sagen, ist, gebt dem Frieden eine Chance!« Leider musste er aber feststellen, dass es dieses Lied auf der Erde bereits gibt. Deshalb hat er den Titel schweren Herzens aus dem Repertoire genommen.

»Wir brauchen einen Bandnamen, der geheimnisvoll und zugleich griffig ist«, funkt der Heilige Geist in Richtung Erde, als er Jesus in einer Gesangspause von seinem Fortkommen in Sachen Popmusik berichtet. »Ich habe an so was wie ›The Universe‹ gedacht!«

Der Plan, den der Außenminister ausgeheckt hat, sieht folgendermaßen aus: Er wird die Musikstücke in das irdische MP3-Format umwandeln und frei zugänglich ins Internet stellen. Und zwar an möglichst viele Stellen, so dass die Internetnutzer gar nicht umhinkönnen, sie zu entdecken. Auf diese Weise kann er in kurzer Zeit den Menschen weltweit die himmlischen Klänge zugänglich machen. Das Durchforsten des Internets hat fast seine ganze Pause in Anspruch genommen. »Ungeheuerlich, was dort alles zu finden ist!«, empört sich der Heilige Geist. Kein Wunder, dass in diesem Wust an Informationen die himmlischen Botschaften, die er bisher dort veröffentlicht hat, untergegangen sind. Mit Hilfe der Musik aber, davon ist er überzeugt, wird es ihm endlich gelingen, die Menschheit zu erreichen.

»Ich werde eine Radiostation im Internet betreiben, wo rund um die Uhr unsere Songs gespielt werden«, berichtet er Jesus. »Und weißt du, wie ich die Station nennen werde?« Hier legt der Heilige Geist eine kleine Pause im Funkkontakt ein, um die Spannung zu steigern. »Radio High Above! Was hältst du davon?«

Jesus, der auf Ritas und Erwins Wohnzimmersofa liegt, ist beeindruckt. »Mit so schnellen Ergebnissen hätte ich gar nicht gerechnet!«, funkt er, während er sich behaglich auf dem Kissen ausstreckt und den Bezug mit den Tatzen und Krallen knetet. »Wann wollt ihr denn auf Sendung gehen?«

»Wenn wir weiter so gut vorankommen, können wir in ein paar Tagen eurer Zeit so weit sein!«, verkündet der Heilige Geist stolz.

»Phantastisch!«, gibt Jesus zu verstehen, und der Außenminister wundert sich über den schnurrenden Unterton in seiner Stimme. »Da hast du wirklich hervorragende Arbeit geleistet!«

Dieses Lob erfüllt den Heiligen Geist mit Genugtuung. »Was hält der Chef eigentlich von dem Ganzen?«, fragt er betont beiläufig. Er kann es kaum erwarten, auch von Gott persönlich Anerkennung für seine Arbeit einzuheimsen.

»Oh«, funkt Jesus, »der weiß davon noch nichts. Ich dachte, das können wir beide vorerst unter uns ausmachen.« Gott schien nicht besonders interessiert zu sein, als Jesus ihm von seiner Entdeckung der Popmusik erzählt hatte. Jesus ist nicht sicher, ob sein Vater die Dimension versteht, die dahintersteckt. Es gibt eben Dinge, für die ist Er einfach zu alt, denkt Jesus.

»Hm, hm«, macht der Heilige Geist unbestimmt und versucht, sich seine Enttäuschung nicht anmerken zu lassen. Dann wechselt er kurzerhand das Thema. »Wie kommt ihr beiden eigentlich voran mit eurer Mission?«

»Ganz gut so weit!« Jesus räkelt sich, und wieder ist seine Stimme mit diesem eigenartigen Brummen unterlegt. »Ich finde es gar nicht so übel hier auf Erden! Und das mit Rita und Erwin werden wir auch noch in den Griff bekommen. Wir haben hier nämlich tatkräftige Unterstützung!« Er denkt an die Kinder, die sich mit vollem Einsatz auf die Mission eingelassen haben. Jeden Tag besuchen die beiden das Paar, und der Gemütslage von Erwin und Rita scheint dieser neue Außenkontakt gutzutun. Jesus hat festgestellt, dass sie freundlicher miteinander umgehen, seit die Kinder gute Stimmung ins Haus bringen. Da fällt ihm etwas Wichtiges ein. »Du musst unbedingt noch ein Lied über Erwin und Rita schreiben«, trägt er dem Heiligen Geist auf. »Schließlich soll die Liebe der beiden zeigen, wie das Zusammenleben auf der Erde funktionieren kann!«

20 Kapitel

Als Olli am Abend die Treppe hoch gestiefelt kommt, steht seine Mutter an der Wohnungstür.

»Hallo«, sagt Olli freudig überrascht. »Du bist noch gar nicht weg?«

Die Mutter legt ihm zur Begrüßung eine Hand auf die Schulter. »Ich habe mir heute freigenommen«, sagt sie mit ernster Stimme. »Komm rein, ich muss mit dir reden!«

Beunruhigt folgt der Junge ihr ins Wohnzimmer. Er überlegt, was er wohl angestellt haben könnte. Aber ihm fällt nichts ein. Im Wohnzimmer sitzen Chris und Flo am Tisch. Die beiden lassen die Köpfe hängen und vermeiden es, Olli anzusehen. Ihm scheint es, als glänzten Christofs Wangen feucht. Aber dass sein großer Bruder geweint haben könnte, kann er sich einfach nicht vorstellen.

»Ist was passiert?«, fragt er alarmiert. »Ist was mit Oma und Opa?«

»Nein, nein«, sagt seine Mutter schnell. »Mach dir keine Sorgen. Setz dich bitte.« Sie rückt ihm einen Stuhl zurecht.

Noch in Jacke und Mütze nimmt der Junge Platz. Er schwitzt vor Wärme und Aufregung.

Seine Mutter hat sich ihm gegenüber gesetzt und schaut ihn aufmerksam an. »Olli«, sagt sie schließlich, »heute Mittag, als ich vom Einkauf zurückkam, hat mich ein Mann aus dem Nachbarhaus angesprochen. Du kennst ihn – Erwin!«

Olli nickt vorsichtig.

Die Mutter legt den Kopf schief. »Warum hast du mir denn nichts von ihm erzählt?«, fragt sie mit einem leichten Vorwurf in der Stimme. »Ich muss es doch wissen, wenn du bei wildfremden Leuten ein und aus gehst!«

Olli stutzt. Darum geht es?, denkt er. Deshalb die ganze Aufregung? Aber gerade, als er zu einer Erklärung ansetzen will, winkt die Mutter ab.

»Ist ja auch egal jetzt!«, sagt sie bestimmt. »Worüber ich mit dir sprechen will, ist etwas anderes. Etwas, was mir dieser Erwin erzählt hat.« Sie beugt sich vor und greift nach der Hand ihres jüngsten Sohnes. »Olli«, sagt sie eindringlich. »Glaubst du wirklich, es ist deine Schuld, dass euer Vater weg ist?«

Olli schluckt. Vorsichtig wirft er einen Seitenblick auf seine Brüder, die rechts und links von ihm sitzen. Chris hält den Blick starr auf die Tischplatte geheftet, Flo nagt an seinen Fingernägeln. »Na ja«, bringt Olli hervor, kaum mehr als ein Flüstern, »er ist doch abgehauen, weil ich kam. Und wegen mir musstet ihr umziehen, und du hast jetzt weniger Zeit für uns und bist immer im Stress. Also …« Er bricht ab, weil ein dicker Kloß in seinem Hals das Weitersprechen verhindert. Schnell steht er auf.

Die Mutter steht plötzlich hinter ihm und nimmt

ihn fest in den Arm. »Mein armer Schatz!«, sagt sie. »Das hat doch alles nichts mit dir zu tun!« Sie hält ihn eine Weile, und Olli weint still in ihren Pullover.

Er hat das Gefühl, als ob sich in seinem Inneren etwas auflösen würde – wie ein Brausebonbon im Wasserglas.

»Ist ja gut«, flüstert die Mutter und streicht ihm zart über den Kopf. »Ist ja alles gut!« Sie schiebt Olli mit sanftem Druck auf den Stuhl zurück. »Ich habe mit deinen Brüdern schon gesprochen«, sagt sie. »Die beiden haben dir was zu sagen!« Auffordernd nickt sie den Großen zu.

Christof räuspert sich. »Tut mir leid«, nuschelt er, und Florian schiebt ein schnelles »'tschuldigung!« hinterher.

Auch wenn das nicht sehr überzeugend klingt, ist es doch mehr, als Olli je erwartet hätte. »Okay«, sagt er und wischt sich ein letztes Tränchen aus dem Augenwinkel.

»Und mir tut es auch leid«, sagt die Mutter bestimmt. »Ich muss mich bei euch allen drei entschuldigen. Ich habe nicht gemerkt, wie sehr ihr euren Vater vermisst.«

»Ich vermisse ihn nicht!«, beeilt sich Olli zu sagen. »Ich kenne den doch gar nicht!«

Die Mutter nickt nachdenklich. »Möchtest du ihn denn kennenlernen?«

Olli zuckt vorsichtig mit den Achseln. »Ich weiß nicht«, sagt er. Dabei hat er sich schon oft gefragt, wie sein Vater wohl ist. Die Mutter spricht nicht von ihm, außer wenn sie sehr wütend auf einen ihrer Söhne ist. »Du bist genau so wie dein Vater!«, rutscht es ihr dann heraus, und Olli fürchtet diesen Satz. Er kann sich nur schwer vorstellen, dass dieser Mann auch nette Seiten haben soll. Andererseits scheint er Chris und Flo zu fehlen, die ihn noch als »Papa« kennengelernt haben. »Wenn es dich nicht gäbe, wär der Papa noch hier!«, haben sie ihm mehr als einmal zu verstehen gegeben. »Ohne dich war es besser!« Und Olli hat ihnen geglaubt. Das alles soll jetzt nicht mehr stimmen?, fragt der Junge sich verwirrt. Er spürt eine kleine Freude in sich aufsteigen, traut sich aber noch nicht, dieses Gefühl zuzulassen.

Später am Abend sitzt die Mutter an Ollis Bettkante. »Es war nicht fair, dass Chris und Flo dir die Schuld zugeschoben haben«, sagt sie sanft und kuschelt den Jungen in die Bettdecke ein wie ein Kleinkind. »Aber die Scheidung hat denen wohl mehr ausgemacht, als ich dachte. Die waren doch auch noch klein. Und plötzlich war der Papa weg, und ich hatte auch kaum noch Zeit, weil ich mich um dich kümmern musste.« Sie lächelt und kneift ihm zärtlich in die Wange. »Du warst so ein süßes Baby!«, sagt sie. »Aber das war bestimmt nicht leicht für die beiden. Und später – da habe ich dann immer gearbeitet.« Sie seufzt. »Aber wenn ich geahnt hätte, dass sie dich dafür zum Sündenbock machen …« Sie schüttelt den Kopf. »Das nächste Mal musst du mir so was gleich erzählen, versprichst du mir das? Dann hätte ich doch viel früher mit den beiden geredet!« Sie gibt Olli einen Gutenachtkuss. Gut, dass Erbse das nicht sehen kann, denkt der Junge insgeheim. Aber er genießt es, mal so richtig von seiner Mutter verhätschelt zu werden. Mit einem Lächeln auf den Lippen schläft er ein.

Die Mutter steht am Küchenfenster. Sie zieht den Rauch der Zigarette tief in ihre Lungen, aber auch das hilft nicht gegen den Druck, den sie in ihrer Brust spürt. In der Wohnung ist Ruhe eingekehrt. Olli schläft, und die Großen schauen in Christofs Zimmer einen Film an. Die Mutter denkt an ihre Söhne und an die aufreibenden Gespräche, die sie mit ihnen geführt hat. Sei kein Feigling, ermahnt sie sich selbst und drückt die Kippe energisch im Aschenbecher aus. Obwohl es sie einige Überwindung kostet, greift sie zum Telefonhörer und wählt die Nummer, die sie noch immer auswendig kennt. »Ich bin's«, sagt sie mit belegter Stimme zu dem Mann am anderen Ende der Leitung. »Wir müssen über die Jungs reden.«

21 Kapitel

Die gefüllten Säckchen am Adventskalender werden weniger. Jeden Morgen schneidet Erbse gleich nach dem Aufwachen ein Päckchen von der Schnur ab, die an ihrer Zimmerwand hängt. Sie findet immer ein Schokoladenbonbon und Krimskrams darin vor – einen lustigen Anspitzer, einen bunten Radiergummi, ein Jojo oder Ähnliches. Heute ist es eine Fingerpuppe aus Filz, die vermutlich ein Rentier darstellt. Was soll ich denn damit, fragt sich Erbse verwundert. Manchmal scheinen ihre Eltern zu vergessen, dass sie nicht mehr drei Jahre alt ist. Trotzdem freut sie sich Tag für Tag darauf, ihr Päckchen zu öffnen. Komisch, denkt sie. Ich wünsche mir, dass endlich Weihnachten ist, und andererseits will ich, dass die Vorweihnachtszeit nie aufhört.

Eigentlich ist alles gut so, wie es gerade ist. Erbse findet es schön, sich mit Lolli und den Tieren zu treffen. Und auch die Besuche bei Erwin und Rita genießt sie. In der vergangenen Woche waren Lolli und sie jeden Tag bei dem Paar. Sie haben Kakao oder Limo getrunken, mit Erwin und Rita Monopoly gespielt oder der Wirtin dabei geholfen, die Kneipe vorzubereiten. Dabei hat sich Erbse mit Lolli einen Wettstreit geliefert, wer in der kürzesten Zeit die meisten Stühle auf die Tische stapeln kann. Erbse hat gewonnen, und Rita konnte bequem überall wischen.

Heute allerdings, am Samstag, kann Erbse nicht zu

ihren Freunden gehen. Sie wird mit ihren Eltern zum traditionellen Weihnachtsbummel aufbrechen.

»Erbse, kommst du?«, ruft der Vater von unten. »Das Frühstück ist fertig!«

Erbse schiebt sich die Süßigkeit, die sie noch immer in der Hand hält, in den Mund und lässt das Rentier in der Schublade ihres Schreibtischs verschwinden – wo es neben ähnlichen netten Kleinigkeiten vom vergangenen Jahr vergessen werden wird.

In der Fußgängerzone herrscht dichtes Gedränge. Es sieht so aus, als ob alle Bewohner Kölns gemeinsam beschlossen hätten, ausgerechnet heute ihre Weihnachtseinkäufe zu erledigen. Die Eltern haben Erbse in ihre Mitte genommen – so ist sie geschützt vor den Rempeleien der gestressten Menschen um sie herum. Das Mädchen beobachtet aufmerksam das Geschehen. Sie unterscheidet zwei Arten von Einkäufern: die Jäger und die Bummler. Die Jäger erkennt man am gehetzten Blick. Sie setzen ihre Taschen und Einkaufstüten wie Schneepflüge ein, um sich einen Weg durch die Menge zu bahnen. Die Angehörigen dieser Spezies betrachten jeden anderen als Gegner im Kampf um das beste Schnäppchen. Sie fürchten nichts mehr, als dass ihnen ein gutes Angebot vor der Nase weggekauft wird. Darum beeilen sie sich auch so sehr.

Zur Gruppe der Bummler dagegen zählt Erbse auch

sich und ihre Eltern. Die Bummler lassen sich im Trubel der Einkaufsstraßen treiben. Anstatt von der Hektik angesteckt zu werden, genießen sie die vorweihnachtliche Stimmung, die sich angesichts der geschmückten Straßen und Schaufenster einstellt. Die Bummler verfolgen kein bestimmtes Ziel. Sie vertrauen einfach darauf, dass das passende Geschenk irgendwo auf sie warten wird.

»Wir brauchen auf jeden Fall noch was für Oma Toni«, verkündet Erbses Vater, als die drei vor dem Schaufenster eines Bettengeschäfts stehen bleiben. Er zeigt auf eine beheizbare Wolldecke. »So was vielleicht?«

Aber die Mutter winkt ab. »Eine Wolldecke haben wir ihr im letzten Jahr geschenkt. Meinst du, sie hätte die auch nur ein einziges Mal benutzt?«

Das Dreiergrüppchen lässt sich von der Menschenmenge weiter schieben, bis es wieder aus dem Strom der Einkäufer ausschert und vor einer Auslage mit Elektronikartikeln stehen bleibt.

»Dann vielleicht mal was ganz anderes«, sagt der Vater, »eine Playstation zum Beispiel?«

»Für Toni?«, fragt die Mutter mit hochgezogenen Augenbrauen. »Die weiß doch noch nicht mal, wie sie ihr Handy richtig bedienen soll!«

»Es wäre zumindest eine Überraschung«, murmelt der Vater.

Doch die Mutter zieht Erbse und ihn weiter. »Mir ist kalt«, sagt sie. »Lasst uns mal irgendwo reingehen!«

Sie gehen in einen Buchladen. Danach in ein Haushaltswarengeschäft. Dann in ein Damenoberbekleidungsgeschäft, einen weiteren Buchladen und eine Boutique für Modeschmuck. Hier und da kaufen sie Kleinigkeiten – für die Kollegen des Vaters, für die beste Freundin der Mutter, für die Putzfrau und für sich selbst. Erbse ist ungewöhnlich still an diesem Tag, aber das fällt den Eltern gar nicht auf. Zu emsig sind sie damit beschäftigt, die Läden zu durchstöbern. In einem Spielwarengeschäft betrachtet Erbse die vollen Regale. Da stehen Anziehpuppen aufgereiht neben Teddybären, Bausätze für Raumschiffe neben Gesellschaftsspielen. Normalerweise würde Erbse jetzt in einen Rausch des »Haben-wollens« verfallen. Aber heute lässt sie das alles kalt. Erstaunt stellt sie fest, dass sie zum ersten Mal nicht den Weihnachtsgeschenken entgegenfiebert. Es ist ihr schlichtweg egal, welche der vielen Wünsche, die sie in den vergangenen Wochen geäußert hat, in Erfüllung gehen werden. Was sie sich wirklich wünscht, mehr als alle Dinge im Geschäft, ist etwas anderes.

»Wie wäre es denn dann mit einem Puzzle für Oma Toni?« Der Vater hält eine bunte Verpackung hoch. »1000 Teile, das hält die grauen Zellen fit!«

Aber die Mutter schüttelt den Kopf. »So was haben wir ihr doch auch schon mal geschenkt. Das hat sie nur verstauben lassen!« Sie seufzt. »Toni ist zwar meine Mutter, aber ich habe wirklich keine Ahnung, womit man ihr noch eine Freude machen könnte. Die Frau braucht einfach nichts!«

»Jedenfalls nichts, was man kaufen könnte«, sagt Erbse.

Die Eltern blicken sie erstaunt an.

»Hast du denn eine bessere Idee?«, fragt der Vater.

»Wenn Oma genug Decken und Puzzles und was-weiß-ich-was hat, dann braucht sie hiervon nichts«, sagt Erbse und weist dabei mit einer Armbewegung auf die Regale, die um sie herum stehen. »Aber vielleicht wünscht sie sich ja was ganz anderes!« Erbse hat den Satz noch nicht fertig ausgesprochen, da ahnt sie schon, dass sie gar nicht von ihrer Oma spricht, sondern von sich selbst.

»Und das wäre?«, fragt die Mutter erwartungsvoll.

Erbse schluckt. Jetzt oder nie!, spricht sie sich in Gedanken selbst Mut zu. »Ich wünsche mir«, sagt sie mit fester Stimme, »dass wir diesmal an Heiligabend hierbleiben. Erwin und Rita haben uns eingeladen. Lolli wird auch da sein. Und Oma Toni darf mitkommen, ich habe extra schon gefragt.« Erbse beobachtet, wie ihre Mutter die Augen verdreht. »Ich will nicht zu diesem doofen Dinner«, setzt sie schnell hinzu, ehe ihre Eltern ihr ins Wort fallen können. »Ich will ganz gemütlich feiern, mit meinen Freunden und meiner Familie!«

Der Vater schüttelt den Kopf. »Wie stellst du dir das vor?«, fragt er. »Wir haben doch schon alles gebucht!«

»Und wer sind überhaupt Erwin und Rita?«, fragt die Mutter im selben Augenblick.

»Rita hat die Kneipe bei uns gegenüber«, sagt Erbse, »und Erwin ist ihr Freund. Die beiden sind total nett. Ich bin schon oft mit Lolli –«

»Du warst in der Kneipe?« Die Stimme der Mutter überschlägt sich schrill. »Wer hat dir das denn erlaubt?«

Dem Vater sind vor Überraschung die Einkaufstüten aus der Hand gerutscht. »Ich höre nur noch Lolli, Lolli, Lolli«, schimpft er, während er versucht, die herausgefallenen Bücher und Geschenkpackungen zurück in die Taschen zu stopfen. »Ich glaube wirklich, dass der Junge nicht der richtige Umgang für dich ist!«

Das ist zu viel für Erbse. Ihr Gesicht wird rot vor Wut. »Jetzt reicht es mir aber!«, brüllt sie so laut, dass die anderen Kunden im Geschäft zusammenzucken. »Wieso redet ihr so schlecht über meine Freunde? Ihr kennt sie doch noch nicht mal!«

Die Eltern stehen da wie erstarrt.

»Erbse«, flüstert die Mutter, nachdem sie sich wieder gefangen hat, »was ist denn bloß in dich gefahren?«

Das Mädchen atmet tief durch, um sich zu beruhigen. »Erinnert ihr euch, warum ihr mir den Namen Erbse gegeben habt?«, fragt es.

»Ja, das haben wir dir doch schon oft erzählt«, antwortet der Vater verwirrt. »Als du klein warst, hattest du so süße kleine Zehen. Die sahen aus wie Erbsen in ihrer Schote. Aber ich verstehe nicht, was das jetzt hiermit –«

»Jedes Kind, das Füße hat, hat genau solche kleinen Zehen, begreift ihr das nicht?« Erbse bemüht sich, ruhig zu bleiben. »Warum müsst ihr immer so tun, als wäre ich so was Besonderes? Ich bin ein ganz normales Kind, und genau das will ich auch sein. Ich will wie Lolli sein, oder wie Erwin und Rita. Normal eben! Hört endlich auf, immer so ein Theater um mich zu veranstalten. Lasst mich doch einfach mal meine eigenen Erfahrungen machen! Und lasst mich meine Freunde selbst aussuchen. Ich werde mich schon melden, wenn ich euch brauche, ihr müsst mich nicht ständig an die Hand nehmen!«

Die Gesichter von Erbses Eltern spiegeln ein Wirrwarr von Gefühlen wider. Auf der einen Seite sind sie beleidigt, empört und wütend. Auf der anderen Seite sind sie auch beeindruckt von diesem erwachsenen Auftritt ihrer Tochter.

Die lange Rede hat Erbse erschöpft. In ihren Augen glitzern Tränen, die sie nur mit Mühe zurückhalten kann. »Alles, was ich mir in diesem Jahr zu Weihnachten wünsche, ist, dass ihr mit mir zu dieser Feier geht«, sagt sie leise.

»Aber«, stammelt die Mutter, »das geht doch nicht!« Hilfesuchend blickt sie ihren Mann an. »Oder?«

22 Kapitel

Wie an jedem Morgen wartet Gott voll Ungeduld auf die Ankunft seines Sohnes. Die einsamen Nächte im Baumhaus sind das, was ihm an seinem Dasein als Hund auf Erden am wenigsten behagt. Endlich knacken ein paar Zweige vor dem Fenster der Baumhütte, und im nächsten Augenblick setzt Jesus mit einem eleganten Sprung vom Fensterbrett auf den Fußboden über.

»Naaaa«, schnurrt er seinen Vater an, »hast du gut geschlafen?«

»Geht so«, erwidert Gott und gähnt herzhaft. »Ich habe von meinen Engeln geträumt. Wie's denen wohl gerade geht?«

»Du kannst sie ja mal anfunken.« Jesus hakelt Marlenes Krallen in den Flickenteppich, bis sich ein paar Fäden lösen. Plötzlich hält er inne. »Oder nein, besser nicht!«, sagt er schnell. »Wir bereiten nämlich eine Überraschung vor. Und ich wette, die Engel würden sich sofort verplappern!«

Gott stellt die Ohren auf. »Eine Überraschung?«, fragt Er aufgeregt. »Was denn für eine Überraschung?«

»Du bist ja neugieriger als eine Katze!«

Jesus verzieht Marlenes Maul zu einem Grinsen. »Du wirst schon noch erfahren, was das für eine Überraschung ist. Aber erst, wenn wir wieder zu Hause sind!«

»Zu Hause, ja«, seufzt Gott. Er spürt, wie sich in Fridos Inneren etwas zusammenzieht, wenn Er an seinen

Himmel denkt. Jesus legt den Kopf schief und beobachtet seinen Vater aus zusammengekniffenen Katzenaugen. »Hast du etwa Heimweh?«, fragt er.

»Du nicht?«, stellt Gott die Gegenfrage.

Jesus räkelt sich und fährt Marlenes Krallen aus. »Eigentlich gefällt es mir noch ganz gut hier«, erklärt er. »Nur manchmal, da …« Er betrachtet schweigend Marlenes scharfe Krallen, bevor er sie wieder einzieht. »Manchmal«, sagt er leise, »überkommt mich so ein beängstigendes Gefühl. Dann möchte ich diese Krallen in das Fleisch einer Maus schlagen, oder mir einen Vogel vorknöpfen. Ich bin dann wie im Rausch und kann das nur mit Mühe unterdrücken. Das ist wirklich sehr unangenehm.«

»Jagdinstinkt«, folgert Gott trocken. Jesus blickt zu ihm auf. »Bei mir sind es die Kaninchen, die ich im Park rieche«, erklärt Gott. »Das macht mich ganz kribbelig!«

In den Katzenaugen funkelt es. »Wenn diese Instinkte so kraftvoll sind«, gibt Jesus zu bedenken, »sollten wir sie vielleicht doch bei den Menschen einsetzen. Dann wären sie leichter zu bändigen!«

Gott wiegt Fridos Kopf hin und her. »Und was wird aus dem freien Willen?«

Jesus schleicht auf seinen Vater zu und stupst Marlenes Kopf aufmunternd gegen die Hundeschnauze. »Och komm schon«, schnurrt er. »Nur so ein bisschen. Nur so ein paar Präriewühlmausinstinkte für Erwin und Rita. Biiiitteee!«

Die Katzenhaare jucken an Fridos Nase. Gott niest kräftig, und Jesus macht vor Schreck einen Satz zurück.

»Hatten wir nicht vorgehabt, sie in ihrem menschlichen Normalzustand zu belassen?«, fragt Gott tadelnd. »War das nicht sogar deine Idee?!«

»Na ja«, entgegnet Jesus. »Pläne können sich auch ändern. Und so ein kleines bisschen Nachhilfe können die beiden bestimmt gebrauchen, oder?« Er blickt seinen Vater mit großen Augen an, bis Gott nachgibt.

»Wie du meinst«, sagt Er. »Aber bei den Präriewühlmäusen läuft das so: Wenn sich ein Männchen und ein Weibchen zusammentun, dann verbringen sie eine sehr … liebevolle Zeit miteinander. Und dabei werden Hormone freigesetzt, die sie für immer und ewig als Paar verbinden. Bei Erwin und Rita ist diese verliebte Phase aber schon vorbei, daher fürchte ich, dass es bei den beiden zu spät ist für dieses Modell!«

»Aber es ist doch nie zu spät für Zärtlichkeit!«, ruft Jesus aus. »Und es gibt so viele Arten davon: Ohrenkraulen, Rückenstreicheln, Bauchkraulen, …« Versonnen reibt er Marlenes Körper am Tischbein. »Ich kann davon jedenfalls nie genug bekommen!«

Gott kratzt sich nachdenklich mit der Hinterpfote am Ohr. »Du meinst also, dass sich Erwin und Rita täglich kraulen sollten?«, fragt Er.

»Kraulen, streicheln, oder meinetwegen auch umarmen!« Jesus, ganz in seinem Element, springt auf die Tischplatte. »Sie sollen sich mit kleinen Liebkosungen daran erinnern, wie gern sie sich mögen!«, propagiert er und hebt Marlenes Tatze, um die Wichtigkeit seiner Rede zu unterstreichen. »Und wenn es nur ein Küsschen auf die Wange ist, oder ein kurzes Händchenhalten. Wir Katzen, äh, ich meine, die Katzen fordern die Streicheleinheiten, die sie brauchen, einfach ein, deshalb geht es ihnen auch so gut! Aber die Menschen vergessen offensichtlich immer wieder, wie wohl das tut.« Jesus springt vom Tisch herunter und stolziert auf Gott zu. »Wie wär's – wir verordnen Erwin und Rita eine tägliche Portion an Zärtlichkeitsaustausch. Eine gegenseitige Massage zum Beispiel! Das ist gut für das Wohlbefinden, es macht glücklich und es tut der Liebe gut!«

»Und du meinst nicht, dass das gemogelt wäre?«, fragt Gott vorsichtig. »Weil wir doch wollten, dass sie sich so lieben, wie sie sind?«

»Und wenn schon«, flüstert Jesus und blickt seinem Vater tief in die Augen. »Wenn Rita und Erwin ein Paradebeispiel für die zwischenmenschliche Liebe werden sollen, kann so ein bisschen Zärtlichkeitsdoping sicher nicht schaden!«

»Hallo, ihr beiden!«, ertönt in diesem Augenblick Erbses fröhliche Stimme. Gleich darauf wird die Tür aufgestoßen, und das Mädchen klettert herein, Olli-Lolli im Schlepptau. Die Kinder sehen sehr aufgeräumt aus. »Ihr werdet nie erraten, was wir heute machen!«, behauptet Erbse.

»Nie im Leben!«, setzt der Junge hinterher und grinst.

Im nächsten Augenblick platzt es auch schon aus Erbse heraus: »Wir gehen Eislaufen! Mit Rita und Erwin!«

Jesus schüttelt sich. »Eislaufen?«, fragt er entsetzt. »Das klingt aber nass!« Die Furcht vor Wasser steckt Marlene in den Knochen, und auch wenn sich Jesus den Katzenkörper nur ausgeliehen hat, kann er sich nicht von dieser Empfindung frei machen.

»Ach, komm schon«, sagt Erbse aufmunternd und streichelt über den Katzenrücken. »Du musst ja gar nicht aufs Eis. Wir nehmen dich in der Tasche mit, dann kannst du vom Rand aus zusehen!«

Olli-Lolli hat unterdessen das Essen für die Tiere aus seinem Rucksack gepackt. Er hält Gott ein Wurstbrot vor die Hundeschnauze. »Das mit dem Eislaufen war übrigens meine Idee!«, verkündet er stolz. »Weil wir Erwin und Rita doch mal dazu bringen wollten, dass sie was zusammen unternehmen. Erwin wollte zwar erst nicht, aber ich habe ihm gesagt, dass er damit Rita eine Freude machen kann. Und da hat er dann ja gesagt. Gut, nicht?« Er schaut die Tiere erwartungsvoll an, und Gott und Jesus nicken zustimmend.

»Wir gehen jetzt erst mal mit euch raus, und heute Nachmittag um zwei geht's dann los«, erklärt Erbse.

»Und stellt euch vor, ich musste meine Eltern nicht mal anlügen – sie sind damit einverstanden, dass ich mit Erwin und Rita zum Schlittschuhlaufen gehe!« Erbse kann es selbst noch nicht glauben. Anscheinend hat ihr Gefühlsausbruch im Kaufhaus ihre Eltern tatsächlich zum Nachdenken gebracht.

Die Eisfläche befindet sich mitten in der Altstadt. Jedes Jahr zur Vorweihnachtszeit wird sie extra dort aufgebaut. Bunte Lichterketten ringsherum leuchten gegen das winterliche Grau an. Aus Lautsprechern plätschert Popmusik. Eine Girlande aus Tannengrün schmückt die Einfassung, die die Eisfläche begrenzt. Hinter dieser Absperrung steht Erbses Sporttasche, in der sie nicht nur ihre Schlittschuhe, sondern auch Jesus hierher gebracht hat. Jesus ist heraus geklettert und drückt Marlenes Schnauze an der Absperrung platt, um durch die Ritzen zwischen den Wandplatten einen Blick auf die Eisläufer zu erhaschen. Sein Vater hat sich auf Fridos Hinterbeine gestellt, damit Er über die Absperrung schauen kann.

Es sind vor allem Kinder, die sich an diesem Nachmittag auf das Eis wagen. Mit geröteten Wangen ziehen sie Runde um Runde oder begnügen sich damit, auf der Stelle vor und zurück zu schlittern. Ihr warmer Atem bildet kleine weiße Wölkchen vor den fröhlichen Gesichtern. Ein paar Jugendliche sind auch dabei, die sich gegenseitig mit Absicht anrempeln, um sich dann in aller Freundschaft lautstark zu beschimpfen. Inmitten der aufgekratzten Schar wirken Rita und Erwin wie Fremdkörper. Vorsichtig halten sie sich am Rand fest und wagen sich nur zentimeterweise vorwärts. Erbse hingegen zieht schon geübt ihre Runden, während Olli-Lolli unsicher über das Eis stolpert. Als Erbse jedoch wieder einmal elegant an ihm vorbei gleitet, hebt er einen Fuß an und konzentriert sich darauf, das Gleichgewicht zu halten. Als er merkt, dass das funktioniert, wechselt er Spiel- und Standbein aus und gleitet voller Stolz auf dem anderen Fuß. Die Kufen kratzen geräuschvoll über die Eisfläche. Hier und da rutscht einer der Schlittschuhläufer seitlich weg, so dass kleine Fontänen von Eissplittern und Tauwasser aufstieben. Einmal schafft Jesus es nicht rechtzeitig, Marlenes Kopf wegzuziehen, und so spritzt ihm eine Ladung Tauwasser mitten ins Gesicht. Er schüttelt sich.

»Und das soll Spaß machen?«, fragt er angewidert.

Gott grinst. »Sonst bist du doch immer für jedes Abenteuer zu haben!«

»Alles hat seine Grenzen«, murmelt Jesus und schleckt das kalte Wasser aus dem Katzenfell. »Wenn Wasser im Spiel ist, ist für mich jedenfalls der Spaß vorbei!«

Erbse und Olli-Lolli haben Rita und Erwin jetzt untergehakt. Zu viert schlittern sie lachend und kreischend über das Eis. Rita klammert sich an Erwins Arm, und

Erwin fasst sie um die Taille. Eng umschlungen setzen sie ihren Weg fort, auch nachdem sich die Kinder wieder von ihnen gelöst haben.

Olli-Lolli steuert auf Hund und Katze zu. »Ich brauche eine Pause!«, ruft er den Tieren entgegen. Ihm ist heiß in seiner dicken Jacke. Mit dem Rücken an die Absperrung gelehnt, beobachtet er das Geschehen auf der Eisfläche. Obwohl er nun still steht, spürt er in den Beinen noch immer dem Gefühl des Ausbalancierens nach.

Als Erbse bei ihrer nächsten Runde an dem Jungen und den Tieren vorbeikommt, hält sie ebenfalls an. Zu viert beobachten sie die zaghaften Versuche von Erwin und Rita, sich über die rutschige Fläche zu bewegen.

»Es ist alles eine Frage der Balance«, verkündet Jesus. »Eine Beziehung zu führen ist wie ein Paartanz auf dem Eis.«

Die Kinder sehen ihn verwirrt an.

»Was meinst du damit?«, fragt Erbse.

»Ein gemeinsames Dahingleiten«, philosophiert Jesus. »Mal nah beieinander, mal mit Abstand. Mal elegant und harmonisch, mal schlitterig und plump. Mal mit kleinen Sprüngen und Kurven –«

»Und mal mit einem Ausrutscher!«, fällt ihm Gott ins Wort, denn in diesem Augenblick ist Rita auf dem Po gelandet. Erwin hilft ihr auf, und sie klopft lachend die Eisreste von ihrem Mantel. Die beiden sehen glücklich aus und wirken mit ihren geröteten Wangen und den leuchtenden Augen wie frisch verliebt. »Es scheint mir, als wäre unsere Mission bald erfüllt«, sagt Gott bei diesem Anblick.

Die Kinder wenden ihm die Köpfe zu. »Heißt das, die magische Maus wird euch bald erlösen?«, fragt der Junge leise.

Gott nickt. »Sie ist sehr zufrieden damit, wie die Dinge laufen«, erklärt Er. »Bald dürfen wir wieder normale Tiere sein!«

Erbse ist blass geworden. »Aber«, stottert sie. »Aber … was wird denn dann mit uns?«

»Was soll denn mit euch werden?«, fragt Gott erstaunt. »Mit euch wird doch alles so weitergehen wie immer. Nur wir werden unser altes Leben zurückbekommen.« Sehnsuchtsvoll denkt Er an seinen Himmel, an seinen Platz am Schreibtisch, an seinen Lehnstuhl und an seinen Chor der Engel.

»Ich will aber nicht, dass das hier aufhört!« In Olli-Lollis Augen sammeln sich Tränen. »Ich habe mich doch noch nie so wohl gefühlt wie mit euch!« Er wendet sich dem Mädchen zu. »Und mit dir natürlich!«

Erbse legt ihm einen Arm um die Schulter. »Mensch, Lolli, wir werden uns doch weiterhin sehen«, sagt sie aufmunternd. »Und Erwin und Rita werden wir auch immer noch besuchen!«

»Apropos Erwin und Rita!« Jesus weist mit einer Kopfbewegung auf die Eisfläche. »Schaut mal!«

Zwischenzeitlich hat die Dämmerung eingesetzt. Die bunten Lämpchen leuchten romantisch in der frühen Dunkelheit. Die Eisfläche hat sich geleert, nur noch wenige Schlittschuhläufer ziehen dort ihre Kreise. Unter ihnen sind auch Erwin und Rita, die sich noch immer gegenseitig halten und die Welt um sich herum offenbar vergessen haben. Als ein schmalziger Weihnachtspopsong einsetzt, zwinkern Gott und Jesus einander zu. Sogleich löst sich Erwin aus Ritas Umarmung, nimmt Schwung und dreht eine formvollendete Pirouette. Verdattert schaut er Rita an, der vor Verblüffung der Mund offen steht. Nun dreht sie sich ebenfalls auf dem Eis, streckt dann ein Bein elegant nach hinten aus und gleitet in der Standwaage auf Erwin zu, der ihre Hände ergreift. Die anderen Eisläufer, die Zuschauer, die am Rand stehen, die Kunden am nahen Glühweinstand und nicht zuletzt Erbse und Olli-Lolli sehen dem Schauspiel voller Verwunderung zu. Das Paar auf dem Eis tanzt in perfekter Harmonie. Sie ziehen gemeinsam ihre Kreise, drehen sich, laufen vorwärts, rückwärts, seitwärts, wobei sie einander immer an den Händen halten. Schließlich springt Rita in Erwins Arme und er trägt sie, hoch über seinen Kopf gestützt, über das Eis. Als das Lied das Ende erreicht, lässt Erwin seine Rita sinken und küsst sie hingebungsvoll auf den Mund. Das Publikum bricht in begeisterten Applaus aus. Und Gott und Jesus grinsen zufrieden vor sich hin.

Kapitel 23

Es ist so weit«, verkündet Gott am nächsten Tag feierlich, als die Kinder mit ihm und Jesus zum üblichen Spaziergang im Park unterwegs sind.

Es ist Montag, und die Kinder waren an diesem Tag zum ersten Mal seit dem Fund der römischen Münzen wieder in der Schule. Die Ausgrabungen hatten keine weiteren Schätze ans Tageslicht befördert, das Expertenteam war enttäuscht abgezogen, und der Unterricht kann bis zu den nahen Weihnachtsferien normal fortgesetzt werden.

Jetzt stehen die Kinder wie angewurzelt im Park und sehen die Tiere sprachlos an.

Gott räuspert sich. »Übrigens haben wir mit der Maus über die drei guten Wünsche gesprochen, und sie ist einverstanden«, verkündet Er.

»Den ersten Wunsch haben Frido und ich bereits festgelegt«, fällt Jesus ihm ins Wort. »Wir werden Erwin und Rita schenken, dass sie sich täglich gegenseitig mit einer Massage verwöhnen.«

Olli-Lolli bläst enttäuscht die Backen auf. »Massage?«, fragt er. »Warum denn das? Wie wäre es denn mit Geld oder …?«

»Weil es gut für ihre Beziehung ist, darum!«, sagt Gott bestimmt. »Und was das Geld betrifft – wir haben für die beiden eine neue Geschäftsidee entwickelt!«

Vater und Sohn hatten sich erinnert, wie ihr erster

Abend in der Gestalt von Erbse und Olli-Lolli verlaufen war. Erbses Eltern hatten ihnen damals diese köstlichen Pfannkuchen serviert, und die Mutter hatte über Ritas Kneipe gesagt, dass sie angeblich nicht in das Stadtviertel passe. Beim Gedanken an dieses Gespräch hatte Jesus den Geistesblitz: Rita soll mit Erwin gemeinsam ein Café statt der Kneipe betreiben.

»Ein Café, in dem Pfannkuchen angeboten werden«, hatte Jesus geschwärmt. »Das ist es doch!«

Gott war sofort begeistert. Jetzt verkündet Er den Plan den Kindern. »Der zweite gute Wunsch wird sein, dass wir Erwin und Rita das perfekte Pfannkuchenrezept schenken. Sie können damit ein Café oder Bistro eröffnen – ihre Pfannkuchen werden die besten der Stadt sein und den Laden bekannt machen!«

»Und der dritte Wunsch?«, fragt Olli-Lolli neugierig.

Darüber hatten sich Gott und Jesus ebenfalls schon Gedanken gemacht. »Es müsste etwas sein, was die Liebe der beiden auf lange Sicht erhält«, hatte Gott beschlossen. »So eine Art Schutzengel für ihre Liebe!«

»Ich verstehe«, hatte Jesus erklärt. »Jemand, der sie immer wieder daran erinnert, was sie aneinander haben. Jemand, der frischen Wind in ihre Beziehung bringt.«

Vater und Sohn hatten einander angesehen. Schließlich hatte Gott das ausgesprochen, was ihnen beiden durch den Kopf ging: »Aber das haben sie ja schon! Bessere Liebesschutzengel als Lolli und Erbse können wir ja gar nicht finden!«

»Der dritte Wunsch ist noch offen«, erklärt Jesus nun den Kindern. »Wir haben uns gedacht, diesen Wunsch überlassen wir euch!«

Erbse und Lolli sehen einander an.

»Uns?«, fragt der Junge überrascht. Dann zuckt er mit den Achseln. »Okay«, sagt er, »da wird uns bestimmt etwas einfallen. Nicht wahr, Erbse?«

»Klaro!«, sagt das Mädchen. »Lasst uns nur mal machen!«

Gott blickt von einem Kind zum anderen. »Ich danke euch für eure Hilfe!«, sagt Er und schleckt mit Fridos Zunge freundschaftlich über die behandschuhten Hände der Kinder.

Jesus springt mit einem Satz aus der Tasche heraus. »Ich danke euch auch«, schnurrt er und streicht den beiden um die Beine. »Es war sehr schön bei euch! Aber vergesst nicht – sobald wir wieder normale Tiere sind, müsst ihr uns unseren Besitzern zurückgeben!«

Die Kinder nicken zaghaft. Schon vor Tagen hatten sie im Park und an diversen Straßenecken Aushänge entdeckt, mit denen nach den Tieren gesucht wurde. Sie hatten sich die Telefonnummern notiert, die auf diesen Zetteln standen, weil sie wussten, dass die Tiere irgendwann von ihnen Abschied nehmen würden.

Aber sie waren nicht darauf vorbereitet gewesen, dass es so schnell gehen würde …

»Rita und Erwin werden euch auch vermissen«, sagt Olli-Lolli. Seine Stimme ist belegt, denn er spürt einen Kloß in seinem Hals, der sich nicht wegräuspern lässt. Plötzlich hat er eine Idee. »Was meinst du«, fragt er, an Erbse gewandt, »ob wir für die beiden als dritten Wunsch einen Hund und eine Katze bestellen sollen?«

Erbse lächelt unter den Tränen, die ihr leise über die Wangen kullern. »Prima Idee!«, ruft sie aus. »Aber das müssen genauso tolle Tiere sein wie Frido und Marlene!«

Gott nickt. »Schön«, sagt Er. »So soll es sein. Und jetzt, wo das geklärt ist, ist es an der Zeit, dass wir wieder zu den Tieren werden, die wir früher waren!«

Er blickt Jesus an, die beiden zwinkern einander zu, und im nächsten Moment ist die göttliche Einheit wiederhergestellt. Vater und Sohn schweben körperlos über den Köpfen der Kinder. Die Tiere wirken benommen. Die weiße Katze faucht kraftlos und taumelt so unbeholfen auf ihren Beinen, dass Erbse sie auf den Arm nimmt und beruhigend streichelt. Der Hund hat unterdessen begonnen, lauthals draufloszubellen. Olli-Lolli redet leise auf ihn ein.

Die Kinder setzen die verängstigte Katze zurück in die Tasche und schließen den Reißverschluss bis auf einen Spalt. Mit der Tasche in ihrer Mitte und dem Hund an der Leine ziehen sie traurig weiter.

Jesus seufzt. Ich werde die beiden vermissen!, denkt er und spürt, dass es seinem Vater genauso geht. »Können wir denn nicht noch irgendwas tun, um sie aufzuheitern?« Jesus' Frage wabert wehmütig durch das geteilte Bewusstsein.

»Aber ja doch!«, durchzuckt Gottes Geistesblitz die Einheit. »Da gibt es was, was sie auf andere Gedanken bringen wird!«

Aus den dicken, weißen Wolken, die den ganzen Tag schon den Himmel bedecken, löst sich die erste wunderbare Schneeflocke des Jahres. Leise und noch unbemerkt segelt sie zur Erde herab.

Sogleich folgen ihr weitere Flocken, Hunderte, Tausende, die sich auf die Wege und Rasenflächen des Parks legen, die Äste der Bäume bekleiden, die Sitzflächen der Parkbänke bedecken und die Mützen der Kinder weiß färben.

Bald ist der ganze Park mit einer Puderzuckerschicht bedeckt, die alles, was zuvor grau und trostlos aussah, in eine prächtig glitzernde Winterlandschaft verzaubert. Die Kinder legen ihre Köpfe in den Nacken und starren verzückt auf die unzähligen kleinen Kristalle, die ihnen entgegensausen.

»Marlene! Frido! Seht nur, das ist Schnee!«, jauchzt Erbse.

Und Olli-Lolli strahlt über das ganze Gesicht. »Wurde aber auch Zeit!«, ruft er freudig aus. »Pass auf, Erbse, sobald wir die Tiere zurückgebracht haben, gibt's hier 'ne Schneeballschlacht, die sich gewaschen hat!«

24 Kapitel

»Wow«, durchfährt es Jesus, als er mit seinem Vater im Himmel eintrifft. »Ich hätte gar nicht gedacht, dass ich mich so darüber freuen würde, wieder zu Hause zu sein!« Das Heimweh hat ihn erst erfasst, als der Planet Erde unter ihm zusehends kleiner wurde, während er und sein Vater mit Höchstgeschwindigkeit durch das Universum schossen. Zuvor hatten sie noch einen kleinen Rundflug um die Welt unternommen. Die vielfältigen Eindrücke, schöne wie traurige Momentaufnahmen vom Leben der Menschen und Tiere auf der Erde, hatten ihn tief beeindruckt. Noch nie war er sich der Vielfältigkeit des Planeten und seiner Bewohner so bewusst gewesen. Nun, da er wieder seine gewohnte Himmelsgestalt angenommen hat und mitten in Gottes Empfangsbüro steht, merkt er erst, wie sehr ihn die Reise erschöpft hat.

Der Heilige Geist schwebt freudig auf Gott und Jesus zu. »Herzlich Willkommen!«, ruft er aus. »Ich hoffe, ihr hattet eine gute Reise?«

Gott nickt ihm müde zu und lässt sich in seinen Sessel plumpsen. »Das Schönste am Reisen ist das nach Hause kommen!«, sagt Er mit einem wohligen Seufzer. Er lässt seinen Blick über die aufgeräumten Unterlagen auf dem Schreibtisch schweifen, wobei Er einen anerkennenden Pfiff ausstößt. »Das Büro ist ja perfekt in Schuss!«

Der Heilige Geist errötet.

Jesus erinnert sich daran, wie er selbst bei Gottes erster Erdreise damit zu kämpfen gehabt hatte, den Seelenempfang zu übernehmen, ohne das Büro in heillosem Chaos versinken zu lassen. Solche Probleme hat der Heilige Geist natürlich nicht gehabt, dieser alte Streber, denkt er eifersüchtig.

»Ich muss allerdings zugeben, dass ich das nicht ganz alleine geschafft habe«, sagt der Außenminister jetzt bescheiden. »Die Engel sind mir etwas – äh – zur Hand gegangen!«

»Meine Engel?!« Gott reißt erstaunt die Augen auf. »Ich kann mir kaum vorstellen, dass die hier gewirkt haben sollen, ohne alles in Schutt und Asche zu legen!«

»Nun«, der Heilige Geist lächelt, »es ist eben alles eine Frage der Organisation. Aber jetzt erzählt schon – war eure Mission erfolgreich?«

Überrascht sehen Gott und Jesus einander an. Die Mission, ja ... Sie hatten so viel auf Erden erlebt, dass sie sich gar nicht mehr ganz sicher sind, welche Ziele sie auf dem Planeten eigentlich verfolgen wollten.

»Ich denke schon«, setzt Gott zögerlich an. »Immerhin ist es uns gelungen, die Liebe von Erwin und Rita wiederzuerwecken. Und wir haben dabei Grundsätzliches über das menschliche Zusammenleben gelernt. Jetzt müssen wir nur noch einen Weg finden, um die gute Mär von dieser Liebe unter den Menschen zu verbreiten, damit alle anderen diesem Beispiel folgen können ...« Hilfesuchend blickt Er seinen Sohn an.

»Und damit sind wir ja ein gutes Stück weitergekommen, wie du weißt«, richtet sich Jesus an den Außenminister. »Also, wie schaut's aus – sind die Engel so weit?«

Gott versteht gar nichts mehr. Verwirrt blickt Er zwischen Jesus und dem Heiligen Geist hin und her.

»Es ist alles vorbereitet!«, ruft der Außenminister strahlend. »Wenn ich nun bitten dürfte, wir werden erwartet!«

Im großen Sitzungssaal ist der Teufel los. Die Engel schubsen sich gegenseitig, springen kreuz und quer, rufen durcheinander und lachen so laut, dass sie den armen Metatron, der die Schar in ihrer Gesangsformation aufstellen will, beinahe um den Verstand bringen. Als sich jedoch die Türen öffnen und die Dreifaltigkeit in ihrer ganzen göttlichen Präsenz den Raum erfüllt, wird es mit einem Male still. Flugs nimmt jeder Engel seinen Platz ein, und auf Metatrons Zeichen hin erheben sich die zahlreichen Stimmen und schmettern formvollendet:

»Happy birthday to you,
happy birthday to you,
happy birthday, lieber Jesus,
happy birthday to you!«

Verblüfft schaut Jesus den Heiligen Geist an.

»Kleiner Einschub aus aktuellem Anlass«, flüstert der Außenminister und drückt ihm die Schulter. »Weil auf Erden doch heute der 24. Dezember ist!«

»Das hätte ich ja fast vergessen!«

Mit einem Sprung ist Gott an Jesus' anderer Seite und umarmt ihn überschwänglich. »Auch von mir alles Gute, mein Junge«, jubelt Er. »Und ich danke dir, dass du mich diesmal auf meiner Reise begleitet hast. Du warst mir eine große Hilfe!«

Jesus ist völlig überrumpelt. Er drückt seinen Vater fest an sich. »Ach was – ich danke dir, dass du mich mitgenommen hast«, sagt er mit erstickter Stimme. »Ich habe unser Abenteuer wirklich sehr genossen!« Er löst sich aus der Umarmung und wischt sich verstohlen ein Tränchen aus seinem Augenwinkel. Dann räuspert er sich und sagt laut: »Jetzt kommen wir endlich zu der Überraschung, die ich dir versprochen habe. Erinnerst du dich daran, wie ich dir von der irdischen Musik erzählt habe?«

Gott nickt.

»Diese Musik wollen wir als Medium benutzen, um den Menschen unsere Botschaft zu vermitteln«, erklärt Jesus. »Die Idee hat Potential, das kann unser Außenminister dir bestätigen!« Er weist auf den Heiligen Geist, der vor Ungeduld bereits auf und ab hüpft. Auch aus den Reihen der Engel ist unruhiges Hüsteln und aufgeregtes Getuschel zu vernehmen. Alle sind gespannt darauf, wie Gott reagieren wird.

Nun ergreift der Heilige Geist das Wort. »Ich habe also, in Ergänzung zu eurer Mission, eine Reihe von Liedern für die Menschheit geschrieben. Und eines davon – sozusagen das Herzstück, da es um die Liebesbotschaft geht – wollen wir euch nun präsentieren.« Er macht eine kunstvolle Pause, atmet tief ein und aus. Schließlich sagt er feierlich: »Höret nun: Die Ballade von Erwin und Rita!«

Zunächst ist nur ein Säuseln zu vernehmen, sphärische Klänge, die an- und abschwellen, dann setzen die Stimmen ein, sammeln sich in ihrer grenzenlosen Schönheit zu einem vollen Klang, aus dem sich dann einzelne Sänger lösen, um die Strophen zu singen:

»Ich erzähl' euch die Geschicht'
Von einem Pah – har
Mann und Frau, sie heißen schlicht:
Erwin und Ritaha,
Erwin und Rita – ha

Erwin hört Rita zu
Sie tauschen sich a -haus
doch lässt sie ihn auch in Ruh'
Will er mal ra – haus
Erwin und Rita – ha«

Nun schließen sich die Stimmen wieder zusammen, so dass der Refrain mit voller Kraft aus allen Engelskehlen dringt:

»Die Liebe ist
Nicht immer leicht
Doch die beiden
Sind zufrieden

Sie sind sehr gern zu zweit
Weil sie sich vertrau – hen
Mit Interesse und Achtsamkeit
Aufeinander bau – hen
Erwin und Rita – ha

Die Liebe ist
Nicht immer leicht
Doch die beiden
Sind zufrieden

Sie tanzen auf dem Eis
Tagaus, taga – hein,
Mal auf, mal ab, mal im Kreis
zusammen woll'n sie sa – hein
Erwin und Rita – ha«

Die Stimmen werden leiser, ein Engel nach dem anderen steigt aus dem Chorgesang aus, bis schließlich nur eine einzige Stimme übrig bleibt, die leise singt:

»Ja, die Liebe ist
Nicht immer leicht
Doch Erwin und Rita
Sind zufrieden,
ja sie sind zufrieden!«

Gott und Jesus stehen da wie vom Donner gerührt. Alle Augen sind auf sie gerichtet. Selbst die Engel verharren in vollkommener Stille.

Da löst sich Gott aus seiner Erstarrung und beginnt, schallend in die Hände zu klatschen. »Bravo!«, ruft Er, und noch einmal, lauter: »BRA-VO!!!«

Jesus strahlt vor Freude. Auch er klatscht nun stürmisch Beifall. »Phantastisch!«, ruft er aus. »Das ist größer, als ich erwartet habe. Das ist … das ist … das ist größer als die Beatles!!!«

Der Heilige Geist verneigt sich. »Auf dass unsere Botschaft diesmal endlich bei den Menschen ankommen möge«, sagt er.

Und Gott und Jesus fügen unisono hinzu: »Amen!«

P.S. Es ist der Abend des vierundzwanzigsten Dezember. Auf der Theke und den Tischen stehen rote Gläser mit Teelichten darin, die warmes Licht verbreiten. Der Baum, den Erwin am Nachmittag aufgestellt hat, verströmt frischen Tannenduft. Aus der Küche, wo Rita gerade die letzten Vorbereitungen trifft, strömt das köstliche Aroma des Weihnachtsessens und lässt Erwin das Wasser im Mund zusammenlaufen. Er holt zehn tiefe und zehn flache Teller aus dem Geschirrschrank und beginnt, den Tisch zu decken. Sie mussten drei Kneipentische zusammenrücken und mit einem großen Tuch bedecken, um für alle Gäste Platz zu schaffen. Erwin rückt Wein- und Wassergläser zurecht, poliert das Besteck, bevor er es neben den Tellern platziert, und krönt jedes Gedeck mit einer gefalteten Serviette. Zufrieden betrachtet er sein Werk. Es ist eine richtige Festtafel geworden.

Die Tür der Kneipe wird aufgerissen, und Erbse poltert herein. »Fröhliche Weihnachten!«, ruft sie und fällt Erwin so stürmisch um den Hals, dass er um ein Haar im Tannenbaum gelandet wäre.

»Erbse!«, mahnt die Mutter, die gleich nach dem Mädchen eingetreten ist. Sie wendet sich Erwin zu: »Bitte entschuldigen Sie, unsere Tochter ist heute völlig überdreht!«

Erwin streicht Erbse über den Kopf. »Aber das

macht doch nichts«, sagt er. »Dir auch fröhliche Weihnachten, Erbse! Und Ihnen natürlich ebenfalls«, richtet er sich jetzt an die Eltern des Mädchens sowie an die alte Dame mit dem freundlichen Gesicht, die zwischen dem Paar steht. »Herzlich willkommen. Ich bin der Erwin.« Er schüttelt den Erwachsenen die Hände, während Erbse stolz ihre Familie präsentiert.

»Meine Mama, mein Papa und Oma Toni!« Sie blickt sich um. »Aber wo steckt eigentlich Rita?«

»Hier stecke ich!« Die Wirtin kommt aus der Küche. »Herzlich willkommen allerseits«, sagt sie, während sie sich die Hände an der Schürze abtrocknet. »Bitte nehmen Sie doch Platz, ich bin gleich so weit.«

Nachdem sich alle gesetzt haben, schenkt Erwin die Getränke ein.

»Du machst das ja richtig gut!«, sagt Erbse anerkennend, als er ihr das Glas reicht.

»Tja, ich übe eben«, erwidert Erwin mit einem Lächeln. »Damit ich Rita hier öfter mal zur Hand gehen kann.«

Erbse nimmt versonnen einen Schluck von ihrem Saft. Sie erinnert sich, wie Lolli und sie Erwin darauf aufmerksam gemacht haben, dass sich Rita von ihm mehr Unterstützung wünscht. Die Erwachsenen können also doch noch dazulernen, denkt sie zufrieden. Und wer hätte gedacht, dass sich ihre Eltern einmal freiwillig in Ritas Kneipe begeben würden? Sie wirken zwar noch etwas unbeholfen, aber immerhin haben sie sich an den Tisch gesetzt und unterhalten sich mit Erwin über das Wetter und über Weihnachtsbäume. Dass sie tatsächlich ihre Abreise verschieben würden, um hier zu feiern, hat Erbse bis zuletzt nicht geglaubt. Dabei hatte sie ihren Eltern sogar angeboten, auf alle Geschenke zu verzichten, um die Umbuchungsgebühr zu bezahlen. Schließlich haben sie sich darauf eingelassen. Ein Geschenk hat sie aber trotzdem bekommen: eine wunderschöne Halskette, und als Anhänger – einen eigenen Haustürschlüssel! »Als Zeichen dafür, dass du jetzt selbständiger wirst!«, hatte ihre Mutter gesagt und das Mädchen fest an sich gedrückt. Erbse legt die Hand auf den Schlüssel, den sie an der Kette um den Hals trägt. Dieses Geschenk ist ihr wichtiger als alle anderen Dinge, die sie sich ursprünglich zu diesem Weihnachtsfest gewünscht hatte und die ihre Eltern nun, wie besprochen, umgetauscht haben.

Die Tür geht auf, und Lolli tritt ein, seine Mutter an der Hand mit sich ziehend. Den beiden folgen Christof und Florian, Lollis Brüder, die sich unsicher umblicken. Mittlerweile ist Rita in der Küche fertig geworden, und sie kommt ebenfalls, um die Gäste zu begrüßen. Als Lollis Mutter sich für die Verspätung entschuldigen will, winkt Rita ab. »Jetzt sind Sie da, dann ist doch alles in Ordnung«, sagt sie. »An einem Tag wie heute soll sich doch niemand abhetzen!«

Lolli, der sich neben Erbse an den Tisch gesetzt hat, beugt sich zu dem Mädchen hin. »Ich habe eben mit meinem Vater telefoniert«, wispert er aufgeregt.

Erbse macht große Augen. »Und?«, fragt sie neugierig, »Wie ist der so?«

Der Junge zuckt mit den Schultern. »Ganz nett, glaube ich. Er holt uns übermorgen ab, zum Kino!« Lolli verstummt und senkt seinen Blick auf die Tischdecke. »Bisschen aufgeregt bin ich schon«, flüstert er.

Erbse ergreift seine Hand und drückt sie fest. »Ach, guck ihn dir halt mal an«, sagt sie aufmunternd. »Was soll schon passieren?«

Lolli nickt. »Stimmt, was soll mir jetzt noch passieren?«, fragt er grinsend und erwidert den Händedruck. »Nach allem, was wir erlebt haben!«

»Hey, Chris, die beiden!«, ertönt Florians feixende Stimme. Er stößt Christof in die Seite und zeigt quer über den Tisch auf die Kinder. »Wie die Turteltauben!«

Schnell zieht Lolli seine Hand aus Erbses.

Erbse aber blickt Florian fest ins Gesicht und sagt mit freundlicher Stimme: »Oh, bist du eifersüchtig? Das tut mir aber leid für dich. Vielleicht solltest du einfach mal versuchen, ein bisschen netter zu sein, dann findest du bestimmt auch irgendwann eine Freundin!«

Die Erwachsenen rings herum, die das Geschehen beobachtet haben, brechen in schallendes Gelächter aus.

»Na, dem hast du es aber gegeben, Erbschen«, sagt Oma Toni anerkennend.

Florians Ohren glühen. Betreten rückt er sein Besteck hin und her und vermeidet es, die anderen anzusehen.

Da springt Rita von ihrem Platz auf. »Lasst uns mit dem Essen anfangen!«, sagt sie schnell, und an Lolli und Erbse gewandt fügt sie hinzu: »Helft ihr mir beim raustragen?« Gemeinsam tischen sie die Suppe auf, und die Stimmung entspannt sich.

Beim Hauptgericht stehen Oma Toni die Tränen der Rührung in den Augen. »So einen guten Entenbraten habe ich seit meiner Kindheit nicht mehr gegessen«, schwärmt sie.

Als es Zeit für den Nachtisch ist, bittet Rita die Kinder abermals, ihr zur Hand zu gehen. »Es gibt Pfannkuchen«, verrät sie, als sie zu dritt in der Küche stehen. »Ich habe in meinem Backbuch ein Rezept entdeckt, das mir bisher noch nie aufgefallen ist. Das wollte ich unbedingt mal ausprobieren!«

Lolli und Erbse sehen einander überrascht an. Das muss das Rezept sein, von dem die Tiere gesprochen haben! Mit vor Aufregung wild klopfenden Herzen helfen sie Rita, die Pfannkuchen frisch zuzubereiten, und schon bald ist die Küche von einem unwiderstehlichen Duft erfüllt.

Nach dem Essen macht sich eine zufriedene, satte

Stille breit. Alle haben es sich auf ihren Stühlen bequem gemacht, die Hosenknöpfe und Gürtelschnallen gelockert, und genießen noch den Geschmack, den die Speisen auf ihren Zungen hinterlassen haben.

»Sie sind eine vorzügliche Köchin«, lobt Erbses Mutter.

»Danke«, sagt Rita und senkt bescheiden den Blick. »Ich koche halt ganz gerne, wenn ich mal Zeit dafür habe.«

»Damit sollten Sie was machen«, wirft Erbses Vater ein. »Warum bieten Sie denn hier keine Speisen an?«

Rita streicht sich eine Haarsträhne aus der Stirn, bevor sie antwortet. »Ehrlich gesagt, haben wir auch schon darüber nachgedacht«, sagt sie zögerlich und legt ihre Hand auf den Arm von Erwin, der neben ihr sitzt. »Wir überlegen, ob wir hier nicht ein Bistro eröffnen sollten.«

Erbses Mutter lässt die Serviette sinken, mit der sie gerade ihren Mund abgetupft hat. »Aber das ist ja eine phantastische Idee«, ruft sie aus. »Ich kann Ihnen gerne behilflich sein, wenn Sie den Umbau planen!«

»Und vergessen Sie nicht, diese Pfannkuchen auf Ihre Karte zu setzen«, schwärmt Oma Toni. »Die waren einfach deliziös!«

Erwin bedeckt Ritas Hand mit seiner und nickt ihr entschlossen zu. »Ja, das werden wir machen«, sagt er. »Ein Bistro mit süßen und herzhaften Gerichten.«

»Prima!«, wirft Christof ein. »Dann kommen wir immer nach der Schule hierher zum Essen!«

Seine Mutter strubbelt ihrem ältesten Sohn durch die gegelte Frisur. »Aber nur, wenn ich Mengenrabatt bekomme«, sagt sie lachend. »Bei dem, was ihr so verdrückt!«

Oma Toni wendet sich wieder den Gastgebern zu. »Und haben Sie denn schon einen Namen für die Gaststätte?«, fragt sie neugierig.

»Sollen wir's verraten?«, fragt Erwin.

Rita nickt.

»Ist doch klar, wie der Laden heißen soll«, verkündet er daraufhin stolz in die Runde. »Wir nennen das Bistro ›Lolli und Erbse‹! Lolli steht für das Süße, und Erbse für das Gesunde auf der Speisekarte.«

Es folgt ein Moment des Schweigens, indem sich alle durch den Kopf gehen lassen, was sie gerade gehört haben.

»Heißt das, wir werden jetzt berühmt?«, fragt Lolli verwundert in die Stille hinein, was die Erwachsenen zum Schmunzeln bringt.

Schließlich erhebt Oma Toni ihr Weinglas. »Dann lasst uns darauf anstoßen«, sagt sie und lächelt die Kinder an. »Auf Lolli und Erbse!«

»Auf Lolli und Erbse!«, wiederholen Erbses Eltern, Lollis Mutter und seine Brüder gemeinsam und prosten einander zu.

»Auf Lolli und Erbse!«, sagen Erwin und Rita und geben sich über ihre Weingläser hinweg einen Kuss.

»Auf uns!«, sagt Erbse zu Lolli und stößt klirrend ihr Saftglas an das des Jungen. »Und auf ein schönes Weihnachtsfest!«

P.P.S.

Einige Tage später:

Das neue Jahr ist noch jung. Erwin und Rita haben sich über die Feiertage und in den Tagen darauf viel Zeit füreinander genommen. Es ist fast so, als hätten sie einander neu kennengelernt. Wie zum Anfang ihrer Beziehung haben sie sich einander geöffnet, haben über ihre Träume und Wünsche gesprochen, aber auch darüber, was ihnen nicht gefällt oder ihnen sogar Angst macht. Wenn das Reden zu viel wurde, haben sie sich umarmt und durch ihre Zärtlichkeit zu verstehen gegeben, wie viel sie einander bedeuten.

Bei den Gesprächen ist ihnen aufgefallen, dass sie die Gesellschaft von Marlene und Frido vermissen.

»Es war schön, eine Katze im Haus zu haben, wenn du nicht da warst«, hat Rita Erwin erzählt. »Da habe ich mich gar nicht mehr so einsam gefühlt.«

»Und ich fand es nett, wenn Frido mich beim Spaziergang begleitet hat. Das war für mich genau richtig – ich konnte allein sein und trotzdem Gesellschaft haben«, hatte Erwin ihr gestanden.

Nachdem sie lange darüber nachgedacht haben, ob sie sich tatsächlich Haustiere zulegen sollten, stand ihr Entschluss schließlich fest.

Das Tierheim ist bis auf den letzten Platz belegt. Neben den üblichen Stammgästen gibt es viele Neuzugänge: Tiere, die von ihren Besitzern vor den Feiertagen ausgesetzt wurden, weil sie der Ferienplanung im Weg waren. Tiere, die ein sehnsüchtig erwartetes Weihnachtsgeschenk sein sollten, aber wenige Tage später schon als lästig empfunden und ins Heim abgeschoben wurden.

Erwin und Rita gehen Hand in Hand durch die Gänge und sehen die Hunde und Katzen an, die in den Käfigen sitzen. Am liebsten würden sie ihnen allen ein neues zuhause geben, aber das ist natürlich nicht möglich.

Sie werden sich genau einen Hund und eine Katze aussuchen. Und sie werden es nicht bereuen.

Jasna Mittler sagt DANKE:

Astrid, ohne die schon der erste Erwin nie aus der Schublade gekommen wäre.

Uli, Andrea, Karsten, Anke und Nicole, die mir mit dem Text immer wieder auf die Sprünge geholfen haben.

Petra dafür, dass sie mir einen ruhigen Schreibplatz bereitgestellt hat.

Udo Heinz (u-dub; mfai) und Thomas Weber (pigeonlane) für Infos zu Popmusik und zum Songschreiben.

Den Kindern (meinen eigenen und vielen anderen), die mich zu Lolli, Erbse und ihrem Umfeld inspiriert haben.

g., für alles.

… und nicht zuletzt:

Den Katzen Shak-Shak, Trixie, Kayah, Mieze, Mulle, Friedchen (allesamt in memoriam) und der sehr lebendigen Nala danke für die Inspiration zu Marlene!

Den Hunden Luzie und Luis (in memoriam), Gandhi und Czarek sowie sehr speziell dem Hund Robert aus dem YouTube-Video »Creek« von mfai danke für die Inspiration zu Frido!